分速1万円

極
きわみ

スキャルピングFX

FXト

クレ

JN028782

KADOKAWA

父がFXで破産したからこそ伝えたい「結果」にこだわったFX技術

　いきなりですがここであなたには覚悟を決めてもらいたいと思います。

　あなたの利益は誰かの損失です。あなたの損失は誰かの利益になります。FXの世界はキレイ事では生き残れません。どんなことがあっても勝っていく覚悟を持ってください。市場はお金の奪い合い！　甘いことを言っていたらやられてしまいます。あなたが今から踏み込む世界はそういう世界です。

　そしてたった一度のミスで今まで積み重ねてきた全てを失ってしまう可能性すらあるのがFXです。僕自身、父親が家族や親戚から借金をし、挙句、家族が暮らす自宅まで抵当に入れて破産してしまいました。父親の状況を見ていたので、投資が大きな利益をもたらしてくれる反面、使い方を間違えると色々なものを失うことも理解しています。そう、父親もFXで破産してしまったのです。だからこそ一攫千金などの夢は見ないで、自分の資産にあった無理のないペースで稼いでいってもらいたいのです。

　本書を手にとっていただき、ありがとうございます。
　FXトレーダーのクロユキです。僕の日課はYouTube。
「どうも、クロユキです。今日もエントリー出来そうなところがあれば狙って、一緒に相場を攻略していきましょう！」

　YouTubeで配信している【FXトレードLive】が始まります。これが僕

の日課。Liveのチャット欄には簡単な質問から実戦的な質問まで毎日続々と上がってきます。実際のトレードも行いますし、経済指標発表の時などの盛り上がりはすごいです。視聴者さんからの質問に答えながら、チャートに水平線やトレンドラインを引いて解説し、相場を攻略しています。

そんな僕は相場の世界に入る前、スロプロとして生活していました。明日の稼ぎが約束されていない世界。ほとんどの人はトータルで負けている世界。そういった意味ではFXと似ています。でも、ご安心を。

『複利は人類最大の発明』

焦らずとも、地道に稼いでいけば複利が大きな資産をもたらしてくれます。

トレーダーは結果が全てです。厳しく聞こえるかもしれませんが、どんなに勉強しようが結果が出なければFXの世界では意味がありません。途中の努力をほめてくれる相場なんて存在しないのです。だからこそ先の読めない相場で勝ち続けるために、本書の手法を使って、勝ちトレーダーへの第一歩を歩んでほしいと思います。

『相場に勝ち続けるための本』

本書を読んで勝ち続けられるトレーダーのきっかけを掴んでもらえたら幸いです。

それでは一緒に相場を攻略していきましょう！

クロユキ

はじめに

本書で紹介する3つの手法とFXスキル

本書で解説する3つの「スキャルピング手法」

YouTubeチャンネル「【FX】投資家クロユキ」(チャンネル登録者数5万人超)やXの「投資家クロユキ@FXトレーダー」(フォロワー7.5万人超)を運営するクロユキと申します。

毎週平日20時から2時間前後、【FXトレードLive】と題して、その時々の各通貨ペアの値動きや相場全体の状況と分析をLive配信しています。

実際に今現在エントリー・決済したいポイントはどこかなど、LiveならではのFXトレードの解説をしていますので、興味のある方はぜひアクセスしてみてください。

本書はそんなクロユキが初めて執筆したFXについての書籍です。YouTubeでのLive配信では、先が見えない相場を分析しながら実際にトレードをしています。当然、分析通りに動くこともあれば逆にいってしまうこともあり、勝ったり負けたり──日々アップデートの連続です。Liveは途中で分析を修正することが出来ます。

一方、書籍は一度書いて出してしまったら将来も作品として残るもの。自信のないこと、いい加減なことは書けません。本書を最後まで読んでいただいた方の多くがFXのスキルアップが出来るように構成を考えました。

本書のメインコンテンツは実戦でも使い、またYouTubeの「FXトレー

ドLive」でも視聴者さんに披露している「3つのクロユキオリジナル手法」の紹介と実戦での使い方です。

① 異次元の押し戻り手法

トレードの王道とも言える**押し目買い・戻り売りの決定版**。

② 黄金のWW手法

相場の反転局面に頻出するダブルトップ・ダブルボトム（以下、本書では全て**「Wトップ・Wボトム」**と略す）**を使った早仕掛けトレード**。

これまで実戦で使って高勝率を叩き出し、FX初心者の方でも成功体験を積み重ねている高精度な手法。

③ サテライト・スキャルピング手法

1分足を使って相場の細かい反転の動きを狙う最も短時間のスキャルピング手法。獲得出来るpips数は少ない反面エントリーチャンスが多く、また保有時間が短いので、利益をコツコツ積み上げたい人にはピッタリ。

「異次元の押し戻り手法」が勝てるFXトレーダーの登竜門的手法とするなら、「黄金のWW手法」は非常に勝率も高く、メインにしてもらいたい手法です。まずはこの2つの手法で勝てるようになってもらい、そのうえ他の手法も試した上で余裕があれば、サテライト・スキャルピング手法も使っていく形で、3つのクロユキ式手法をマスターしてください。

これが本書のメインテーマになります。本書では主にテクニカル分析を中心に解説しています。ファンダメンタルズ分析に興味がある方はぜひ、実際のLiveにきてみてください。そちらで詳しく説明しています。

手法に必要なインジケーター

　本書で解説する手法には、フィボナッチリトレースメント、トレンドライン（平行チャネル）、そしてスキャルピングでは、ボリンジャーバンド、RCIなどの**テクニカル指標（テクニカルチャート）を使用する必要**があります。

　こうしたテクニカル指標は、**チャートツール「TradingView」や「MT4」「MT5」ならすべて無料で利用可能**です。本書の手法で使うTradingView向けのインジケーターについては、独自に作成した**クロユキオリジナルインジケーター**もありますので興味がある方はLiveに参加してみてください。

　また、本書の手法、TradingViewやMT4・MT5の使い方、各インジケーターのダウンロードや設定・使用方法などに関するお問い合わせには発行元、書店は一切回答出来ませんのでご了承ください。

クロユキ式は押し目買い・戻り売りが基本

　本書に示す3つの手法はFXトレードの王道ともいえる**押し目買い・戻り売り**を基本にしたものです。3つの手法に共通しているのは、上位足（実際にトレードを行う時間足よりも長い時間足）を確認して相場の大きな流れを把握し、執行足（トレードを実際に行う時間足）で大きな流れとは反対方向に動いたあと（調整）、再度大きな流れと同じ方向に戻る時、その流れに乗るトレード手法だということです。

●「上位足に対して順張り、執行足に対しては逆張り」

　というのが3つの手法に共通した基本戦略です。FXトレードには大きく3つのエントリーポイントがあります。

図1-1

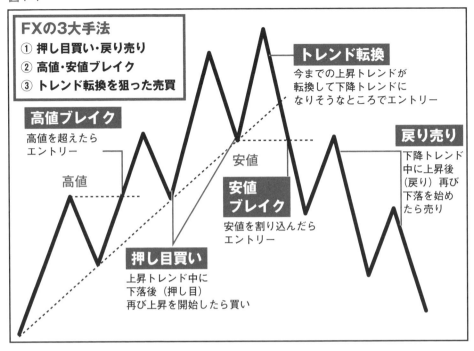

FXの3大手法
① 押し目買い・戻り売り
② 高値・安値ブレイク
③ トレンド転換を狙った売買

トレンド転換
今までの上昇トレンドが
転換して下降トレンドに
なりそうなところでエントリー

高値ブレイク
高値を超えたら
エントリー

高値

安値

戻り売り
下降トレンド
中に上昇後
（戻り）再び
下落を始め
たら売り

安値ブレイク
安値を割り込んだら
エントリー

押し目買い
上昇トレンド中に
下落後（押し目）
再び上昇を開始したら買い

① トレンドが落ち着き、調整したあと再加速するところを狙う押し目買い・戻り売り

② トレンドが加速する勢いに乗る高値・安値ブレイク

③ トレンドが反転して反対方向に向かう流れを待つトレンド転換狙い

　押し目買い・戻り売りと高値・安値ブレイクの違いは、トレンド相場のどの局面でエントリーするかの違いです。図1-1に示したように、トレンドが再加速して継続する場合、高値ブレイクは高値を更新したタイミングで、押し目買い・戻り売りはそのトレンドがいったん落ち着いて調整してから再度トレンドが加速するタイミングでエントリーします。

　損切りポイントは「事前に決めたポイントで必ず切る、絶対に切る！」のがFXで勝ち続けるための絶対ルール。どんな戦略でトレードしても、損切りルールを厳守しなければトータルで勝ち続けることは出来ません。

損切りは次の勝ちへの第一歩です。

　手法に関しても、どんなに優れた手法でも、100％勝ち続けることは出来ません。何回かうまくいかないエントリーが続くと、すぐに「こんな手法、全然ダメ」と諦めてしまう人もいますが、手法というのはある程度の期間使い続けなければ真価が分かりません。ちょっと使って思うような結果が出ないからと言ってすぐに違う手法探しにいくようでは、いつまで経っても手法探しの旅が続くことになります。

クロユキのオリジナル手法は
次の３つだよ！
●異次元の押し戻り手法
●黄金の WW 手法
●サテライト・スキャルピング手法
本書でしっかりマスターしてね！

目次 【分速1万円】極スキャルピングFX

第**1**章

1000万円を溶かして学んだ!
FXを攻略する基本の「キ」となる武器

第 2 章

「押し目買い・戻り売り」を
異次元レベルで極める5つのポイント

第**3**章

ダマシを回避してチャートの「W」を黄金シグナルに変えるには？

第 5 章

本当は、手法以上に重要な「資金管理」と「メンタル」

装丁／萩原弦一郎
本文デザイン／廣瀬梨江
DTP制作／㈱キャップス
編集協力／長谷川清一、エディマーケット
イラスト／セルジオ
編集／荒川三郎
チャート情報／TradingView

1000万円を溶かして学んだ!FXを攻略する基本の「キ」となる武器

FXで勝利を掴むコツ

1000万円の負けが億トレーダー達成のきっかけ

　いまや億トレーダーになったクロユキにも、FXを始めた当初は強烈な失敗経験がありました。

「1000万円がこんな短時間で消えるんだ」

　という大失敗を経験しています。しかし、この大損失を喫して意識が変わりました。「こんな気持ちでやっていたら破産してしまう」「センスだけでは自分は勝てない」「調子に乗っていた──」。自分がFXの天才でも秀才でもないことが分かったので、「もっと真面目に勉強しよう！」というスイッチが入りました。ビギナーズラックで勝てることはよくありますが、テクニカル分析などをかじった程度の知識しかないのに歴戦の猛者が日々戦っている戦場に行っても勝てる！　などと甘く見ていたことを痛感しました。

　その失敗以降、僕は全てのトレードを記録したトレードノートをつけるようにしました。そして日足から4時間足、1時間足、15分足、5分足、1分足と、あらゆる時間足のローソク足をテーマや目的を持って見ていきました。負けている以上、とにかく勝てるようになるためにやれることは全部やってやろうと。

「それはもう理解している」と、理解している"つもり"になっていた知識も含め、もう一度、新たな気持ちでチャート上の値動きと向き合おうと。そのためには、

●詳細なトレード記録をつけて実戦から気付きを得ること
●気付きをもとにTradingViewなどで過去のチャートをリプレイ再生して数年分の値動きを追体験することで、ひたすら経験値を上げる

図1-2

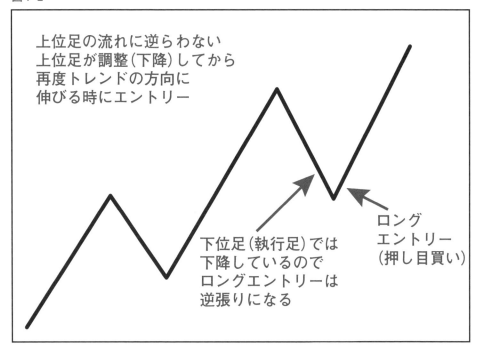

上位足の流れに逆らわない
上位足が調整（下降）してから
再度トレンドの方向に
伸びる時にエントリー

下位足（執行足）では
下降しているので
ロングエントリーは
逆張りになる

ロング
エントリー
（押し目買い）

特に**リプレイ再生**は僕のトレード能力を著しく向上させてくれました。

コツ①　上位足に対して順張り

　自分なりに掴んだ勝ち続けるコツはなにか。まず自分自身の負けトレードを分析して最も痛感したのは、「相場の大きな波（流れ）がどっちに向かっているかをしっかり把握する。上なら上、下なら下、大きな波の方向性でのみトレードする」ということ。より具体的にいうと、自分がトレードしている時間足よりも大きな時間足のトレンドに逆らったトレードをしないことです（図1-2参照）。

●**上位足に対して順張り**

図1-3

上位足は実際にエントリーをする
執行足より2つ、時間足を上げる

上位足		執行足
日足	⟶	1時間足
4時間足	⟶	15分足
1時間足	⟶	5分足
15分足	⟶	1分足

※執行足とは実際にエントリーする足

　相場を勉強すると必ず聞く言葉です。しかし当時の僕は、『人と同じことをやって勝てるわけがない』そう考えていて、王道とも言える順張りを軽視していました。

　実際に自分のトレードを振り返って分析してみると、明らかに負けが上位足に対しての逆張りに偏っていました。そこからしばらく僕は、上位足に対して順張りだけでエントリーするようにしたところ、エントリー出来る場所は減りますが、それでも獲得pipsは増えました。

「上位足に対して順張り、執行足（実際にエントリーする足）に対して逆張りの押し目買い・戻り売り」

　これが僕のFXトレードの基本戦略になりました。日足や4時間足、1時間足でまずその日のトレンドは上昇か下降か、そのトレンドはきれいか汚いかを判断します。もし上位足できれいな上昇トレンドが出ていたら、下位足の15分足、5分足、1分足で下降に転じたものの、再び上位足と同じ

上昇トレンドに回帰するところをロングだけで狙うようにしました。とにかく、上位足に対して順張りトレードを心がけるだけでもトレードは安定していきました。

● **トレードの時間足を設定する**

　ただ上位足といっても月足、週足、日足、4時間足、1時間足と色々あります。僕が見ているチャートは大きいほうから、

● **日足→4時間足→1時間足→15分足→5分足→1分足**

　になります。それ以外の足については基本見ません。月足・週足に関しては一度確認して、今日のトレードに影響なさそうであればもう見ません。そして、1分足でトレードするときは15分足、5分足でトレードするなら1時間足を上位足として見るという具合です（図1-3参照）。

● **実際のトレードに使う時間足（執行足）の2つ上の時間足を上位足と見なし、そのトレンドに対して順張りを心がける、**
　という僕なりの「上位足−執行足」の時間足ルールを設定しました。

コツ② 根拠が複数ある時だけエントリー

　FXトレーダーは**待つのも仕事**です。数撃って当てるのではなく、「ここだ！」と自信が持てる場面だけを忍耐強く待って、狙い撃つことが大切です。複数の根拠があるときだけエントリーすると、勝率も上がりやすく、"引きつける"ことで「RR（リスクリワード）」（想定される損失に対する獲得利益の比率）が良いポイントでエントリー出来るようにもなります。

　あくまで一例ですが、次ページの図1-4のドル円1時間足（上位足）と5

図1-4　複数の根拠が重なったエントリーポイントとは？

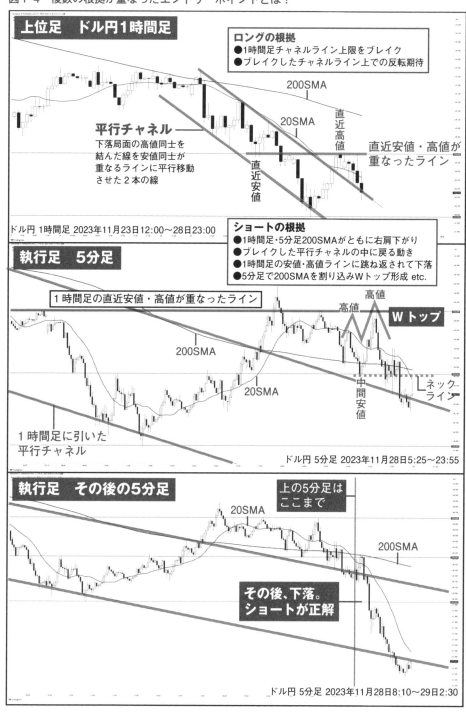

上位足　ドル円1時間足

ロングの根拠
- 1時間足チャネルライン上限をブレイク
- ブレイクしたチャネルライン上での反転期待

200SMA

20SMA

直近高値

平行チャネル
下落局面の高値同士を
結んだ線を安値同士が
重なるラインに平行移動
させた2本の線

直近安値

直近安値・高値が
重なったライン

ドル円 1時間足 2023年11月23日12:00〜28日23:00

ショートの根拠
- 1時間足・5分足200SMAがともに右肩下がり
- ブレイクした平行チャネルの中に戻る動き
- 1時間足の安値・高値ラインに跳ね返されて下落
- 5分足で200SMAを割り込みWトップ形成 etc.

執行足　5分足

1時間足の直近安値・高値が重なったライン

高値

高値

Wトップ

200SMA

20SMA

中間安値

ネックライン

1時間足に引いた
平行チャネル

ドル円 5分足 2023年11月28日5:25〜23:55

執行足　その後の5分足

20SMA

上の5分足は
ここまで

200SMA

その後、下落。
ショートが正解

ドル円 5分足 2023年11月28日8:10〜29日2:30

図1-5

何度もライン付近で反発しているが
ピッタリで反応しているわけではない

分足（執行足）を見てロング（買いでエントリー）したいと思いますか、ショート（売りでエントリー）したいと思いますか。

　それぞれのエントリー根拠を図の中に示しました。あくまで結果論ですが、このケースでは「根拠がより複数重なったショートエントリー」を選択するのが正解でした。その後の5分足の値動き（答え）も含めて、根拠が複数あるエントリーポイントの"感触"を確認してみてください。

　ただ勘違いしてほしくないのは、根拠が複数あればそれだけで絶対にいいのかとなるとそれは違います。

　『この3つが根拠です、根拠も複数あるのでエントリーしましたが負けました。このエントリーはダメでしたか』などとよく質問されます。その度に、その根拠の組み合わせでどのぐらい過去勝てているんですか、と聞く

図1-6

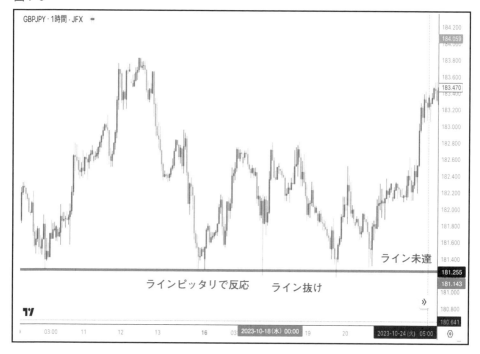

と『それは分かりません』と言われます。

●根拠が複数あるところでエントリーすればFXは勝てる

　こんな理由だけで勝てるなら誰も苦労しません。その中でも本当に勝てる根拠の組み合わせでなければいけません。組み合わせる内容が大事です。

コツ③　値動きをラインではなくゾーンで見る

　FXの値動きはランダムでありアバウトです。上位足で重要な抵抗帯にラインを引いて、その抵抗帯まで下がったあとに上がり始めたらロングエントリーというトレードプランを立てていたとしましょう。

　一度「ここで支えられたら上がるだろう」というラインを割ってからようやく上がってくることもあれば、ラインまで届かずに上がることもあります。支持帯・抵抗帯として1本の水平線でピッタリ反応するわけではあ

図1-7　支持帯をラインではなくゾーンでとらえる具体例

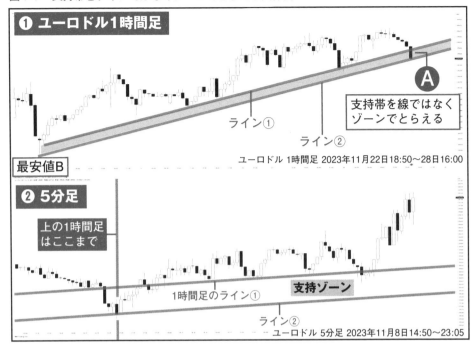

❶ ユーロドル1時間足

ライン①

ライン②

Ⓐ

支持帯を線ではなく
ゾーンでとらえる

最安値B

ユーロドル 1時間足 2023年11月22日18:50～28日16:00

❷ 5分足

上の1時間足
はここまで

1時間足のライン①

支持ゾーン

ライン②
ユーロドル 5分足 2023年11月8日14:50～23:05

りません（図1-5、6参照）。

●FXの値動きにノイズは付き物

　引いていたラインより、上や下に若干ずれるのは日常茶飯事ということ
を理解する必要があります（図1-6参照）。自分が支持帯・抵抗帯として見
ていたラインを根拠にエントリーした直後、為替レートがエントリーした
方向と逆行したまま伸びていくのをリアルタイムで見ていると、最初は不
安に思ってしまうのも仕方ありません。

　このような値動きに関しては、相場を経験していけば慣れますので安心
してください。

●反転する価格帯を「ゾーン」で見ることを忘れてはいけない

ゾーンというのは幅で見ることです。例えば、前ページの図1-7はユーロドルの1時間足。きれいな上昇が続いていて、安値同士を結んだライン①を引くことが出来ます。

　しかし、Ⓐのポイントでそのライン①を割り込んでしまいました。今後、ユーロドルは下降トレンドに転換するのでしょうか。しかし、よくよく見れば、チャート上の最安値Bを起点に、**ライン①と平行なライン②を引く**ことも出来ます。為替レートの下落を阻む支持帯を**ライン①と②にはさまれたゾーン**として見ていれば、まだ下降トレンドに転換しているわけではないこと、ちょっとした上昇トレンドの調整局面（押し目）でしかないことが分かります。

　実際、図1-7-②のその後の5分足に示したように、ユーロドルはサポートライン①を割り込んだものの、ライン②でピッタリ下げ止まって、その後、上昇トレンドに回帰。

　上昇トレンドの支持帯をゾーンでとらえることが出来ていれば、ライン①とライン②にはさまれた支持ゾーン内からの反転上昇を狙って押し目買いが出来たかもしれません。

　実際の相場ではいつもゾーンで考えるクセをつけましょう。自分の思い通りのピッタリのラインばかりではないと覚えておきましょう。

コツ④　手法はシンプルに

　トレードをする際は複数の根拠が必要といっておきながら、手法はシンプルに、というと、なにか矛盾しているように聞こえるかもしれません。FXの世界には本当にさまざまなテクニカル指標があります。その中で僕が使っているテクニカルといえば、

●押し安値・戻り高値でのトレンド判断（ダウ理論）

●安値や高値同士を結んだトレンドライン（平行チャネル）

●過去の高値・安値のレート帯に引いた水平線

●20SMA（単純移動平均線）、200SMA（単純移動平均線）

●フィボナッチリトレースメント（相場がどのくらい戻してきたのかを可視化）

●PIVOT（ピボット）（前日の高値・安値・終値から計算した、当日の支持帯・抵抗帯となるライン）

●チャートパターン（特にWトップ・Wボトム）

　さらに1分足を使ったスキャルピング手法では、

●ボリンジャーバンド

●RCI（順位相関指数）

　最初に言っておきます。テクニカル指標は他にもたくさんありますが、どのテクニカル指標を使っても大差はありません。特定のテクニカル指標に誰が使っても明らかな優位性があるのなら、みんな使っています。だからこそ大事なのは使いこなすことです。磨き上げたものでないテクニカル指標は"使いこなせない武器"でしかありません。

　実戦のFXで立派な武器として使えるまで腕を磨き上げるには、相応の時間がかかりますし、常日頃使っていないと実戦では使えません。もし1週間ほどトレードで使っていないテクニカル指標などがあれば、消しておきましょう。

FXの3つの基本をマスターする！

　ここからはテクニカル分析の基本とも言える3つの武器について解説していきます。

●ダウ理論（トレンド判断）

値動きの中のトレンド（波）を見つけるために高値や安値の切り上げ・切り下げに注目する「ダウ理論」。

●水平線（抵抗帯・支持帯の確認）

過去の目立った高値や安値などを根拠に、今後の値動きの抵抗帯や支持帯となるラインを探す「水平線」。

●環境認識（マルチタイムフレーム分析）

大きな時間足のトレンドに逆らわず、より小さな時間足でトレードを可能にする「環境認識」（マルチタイムフレーム分析）。

　この3つは全てつながり合っています。「ダウ理論」「水平線」「環境認識」これら3つの武器について、「ここが重要」という部分をこれから解説していきます。

クロユキの４つのコツ

覚えてもらえたかな？

コツ①上位足に対して順張り

コツ②根拠が複数あるときだけエントリー

コツ③値動きをラインではなくゾーンで見る

コツ④手法はシンプルに

だったね！

「ダウ理論」で相場の値動きを読む力をつけよう

トレンド分析の基本・ダウ理論（押し安値・戻り高値）

「ダウ理論」は為替レートなど市場での値動きを読むための理論で、次ページの図1-8に示した6つの原則があります。

　中でも大事なのは「トレンドは明確な転換シグナルが出るまで継続する」という部分です。為替レートの動きは次の3つになります。
- ●高値と安値が切り上がっていく上昇トレンド
- ●高値と安値が切り下がっていく下降トレンド
- ●レンジ（上昇も下降もないトレンドレスな状態）

　相場のトレンドをチャート上の高値・安値の切り上げ・切り下げから見極めて、上昇トレンドならロング、下降トレンドならショートと、トレンドに逆らわない取引を行うというのがトレンドフォローの考え方です。トレンドを把握するために使うのが図1-9に示した「押し安値」「戻り高値」です。

●押し安値＝上昇トレンドの高値切り上げの値動きの起点となった安値。直近の高値更新の値動きがどこから始まっているかを示す安値

●戻り高値＝下降トレンドの安値切り下げの値動きの起点となった高値。直近の安値更新の値動きがどこから始まっているかを示す高値

　トレンドというのは、高値や安値がどんどん更新されていきます。上昇トレンドは為替レートがどんどん高くなっていくことで、この高値更新につながった値動きの起点となる押し安値が最重要です。高値が更新されたら、それ以前の押し安値は押し安値と呼ばず、更新した高値の起点になっ

図1-8

ダウ理論

1 　価格は全ての事象を織り込む

2 　トレンドは短期、中期、長期の３つに分類される

3 　主要なトレンドは３つの段階から形成される

4 　価格は相互に確認される必要がある

5 　トレンドは出来高でも確認されなければならない

6 　トレンドは明確な転換シグナルが出るまで継続する

図1-9　ダウ理論の肝といえる押し安値・戻り高値とは？

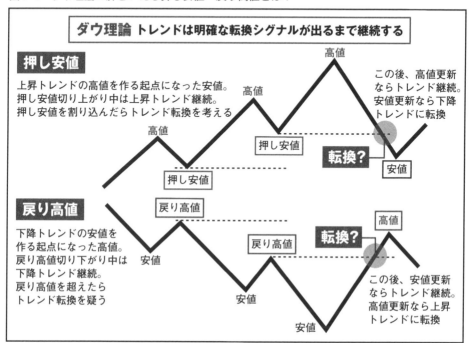

図 1-10

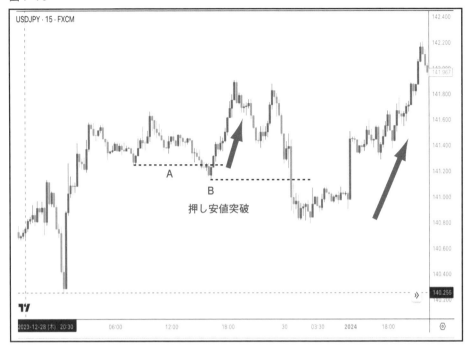

た安値を新しい「押し安値」として注目します。それは下降トレンドにおける戻り高値についても同様です。

押し安値割れ・戻り高値超えはトレンド転換シグナル

では、なぜ押し安値・戻り高値が重要かというと、明確なトレンド転換シグナルとして使われるからです。

●上昇トレンドだった値動きが押し安値を割り込んで下落したら、下降トレンドへの転換シグナル
●下降トレンドだった値動きが戻り高値を超えて上昇したら、上昇トレンドへの転換シグナル

上昇トレンドが続いていても、直近高値の起点になった押し安値を割り

第 1 章　1000 万円を溶かして学んだ！　FX を攻略する基本の「キ」となる武器

31

込む値動きが起きると、「上昇トレンドが終わる可能性があるな」とショート目線に切り替えるトレーダーが増えてきます。

　下降トレンドにおける戻り高値を超えるような上昇は、下降トレンドの転換を示唆し、トレーダーがロング目線に切り替わるきっかけになります。

　ただし、押し安値や戻り高値を突破されても必ずトレンド転換が発生するわけではありません。

　前ページ図1-10では押し安値AとBを抜けているのに、どちらもその後高値更新しています。押し安値や戻り高値はあくまで今までのトレンドが終わって、転換するかもしれない、というものなのです。ここは間違えないようにしてください。

押し安値・戻り高値はトレーダーによって違う

　全てのトレーダーに「この相場の押し安値・戻り高値はどこですか？」と聞いたとしても、押し安値と戻り高値の位置がピッタリ一致することはほぼありません。トレーダーの感覚やトレード手法によって、位置が変わってきます。浅い切り返しの時は、まだそこを押し安値と見ていないトレーダーも多いです。

　例えば、図1-11では①の安値A、②の高値Bをトレンド転換と見なさいトレーダーも多数います。しかし、秒速単位のスキャルピングを狙う短期目線のトレーダーなら、わずかな押し目も押し安値ととらえ、そこを割り込んだら下降トレンドへの転換と判断し、ショートを打ってくるかもしれません。

　図1-11は返しが甘い例ですが、どこを上昇トレンドの押し安値、下降トレンドの戻り高値と見て値動きの波をとらえるかはトレーダーによって違います。補足しますが、返しが甘い部分を押し安値と見てはいけないということではありません。返しが甘ければ甘いほどトレンド転換と見るト

図1-11 押し安値割れ・戻り高値超えかどうか迷う実戦例

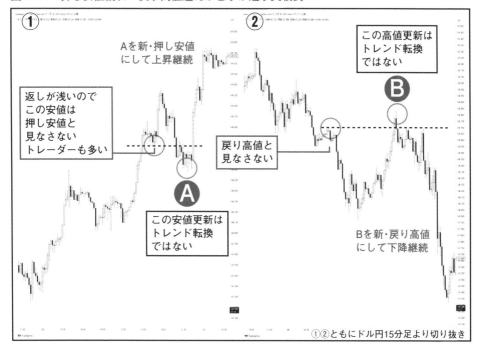

①②ともにドル円15分足より切り抜き

レーダーは少なくなるということです。

　下降トレンドへの転換を、ローソク足の下ヒゲが前の押し安値を割り込んだところで見るか、それともローソク足の実体（終値）が割り込んだところで抜けた＝トレンド転換と判断するか、という「ヒゲか実体か」だけでも見方はかなり変わります（次ページ図1-12参照）。

　トレーダーによって見方が異なるので、大事なのは「自分自身のブレない基準を持って、見方を統一しておく」ということです。相場によってその都度、押し安値や戻り高値の判定基準を変えていると、値動きに翻弄されてしまいます。「なぜ、ここを押し安値・戻り高値と見ているか、その判断基準となる『軸』をしっかり持っていること」が重要です。

図1-12

実体抜け

ヒゲでは抜けたけれど
実体では抜けられなかった

人によって意見が分かれる「高値」「安値」の判断基準

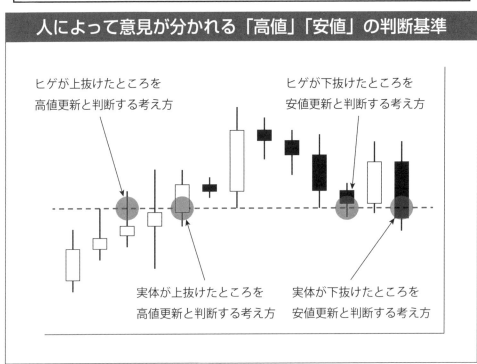

ヒゲが上抜けたところを
高値更新と判断する考え方

ヒゲが下抜けたところを
安値更新と判断する考え方

実体が上抜けたところを
高値更新と判断する考え方

実体が下抜けたところを
安値更新と判断する考え方

図1-13　スイングハイ・スイングローの数え方・実戦例

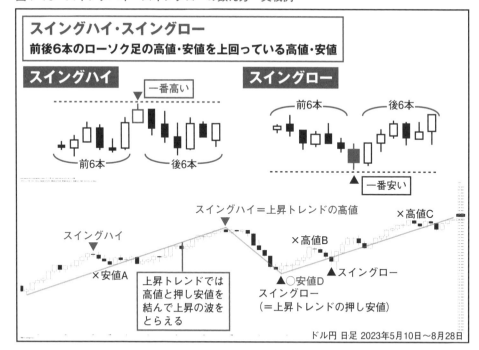

ドル円 日足 2023年5月10日～8月28日

「スイングハイ」「スイングロー」という根拠

「チャート上のどこを高値・安値と見るか」は、高値や安値がきれいなN字型の波だと分かりやすいですが、例えば、上ヒゲ陽線が連続して高値圏で横ばい相場が続いていたり、同じ価格帯に複数の安値がローソク足の実体や下ヒゲで何本も並んでいたり、返しが甘かったりすると、判断するのが難しくなります。「高値と安値の定義を『言語化』出来ていますか？」という問題です。

　その際、すぐに言語化して使えるのが「スイングハイ」「スイングロー」という考え方。

●スイングハイ：ローソク足を見て、前に6本、後に6本のローソク足が

出来ても、そのローソク足の高値を超えてこない場合「そこを高値と見なす」というルール。※前後ローソク足の本数は自分で設定、6本である必要はない
●スイングローはその逆

　前ページの図1-13にその数え方を示しました。この図の下段に示した実際のチャートでいうと、安値Aや高値B、Cは前後6本のローソク足の中の最安値・最高値ではないため、谷底や山頂とはカウントしません。スイングハイ・スイングローのルール通りにカウントすると、このチャートの波は図のように安値Dを押し安値にした高値更新＝上昇トレンドが継続していると見なせます。

　もう一つの見方としては、単純に上昇トレンド中であれば高値だけに注目して高値を更新した後また高値が出現したら、その間の安値を押し安値と見るパターンもあります。その場合、図1-13では安値Aが押し安値になります。どちらが正しい見方とかではなく、自分にとってどちらの相場が見やすくなるのかで判断していきましょう。

高値・安値はトレーダーによって違う問題の解決策

　押し安値・戻り高値を強く意識してほしい理由は、

●上昇トレンド中に押し安値を割り込まなければ上昇トレンド継続と見てロング目線に。押し安値を割り込んだら下降トレンドへの転換と見なして、ショート目線に切り替え
●下降トレンド中に戻り高値を超えなければ下降トレンド継続と見てショート目線に。戻り高値を超えたら上昇トレンドへの転換と見なして、ロング目線に切り替え

図1-14　時間足によって違う押し安値・戻り高値

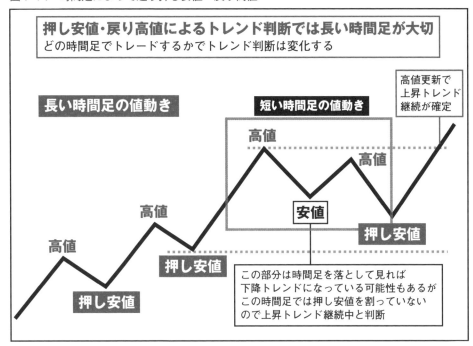

という トレンドフォローのトレード戦略の判断に使えるからです。上昇トレンドにとって押し安値は、上昇トレンドが今後も継続するための"最後の砦"といえる存在なのです。

　押し安値をどこに置くかで迷ったら、「もし自分がロングしていたら、どこまで下がるときつそうかな？」と自問してください。そうすると適切な位置に押し安値を置くことが出来るようになります。

　そうは言っても最初はなかなか判断しにくいと思いますので、慣れないうちはスイングハイ・スイングローなど決められたルールでやっていきましょう。

時間足によって押し安値・戻り高値は違う

　押し安値・戻り高値はチャートの時間足を変えると見えなくなる場合も
あります。チャートの時間足によって重要な高値・安値は変わってくるとい
うことです。より大切なのは時間足が長いチャートの高値・安値による
判断です。

　前ページ図1-14に示したように、上昇トレンド継続中に高値と安値の
切り下げが起きて、一見下降トレンドに転換したように見えるかもしれま
せんが、大きな時間足ではトレンド転換に至らず、再び高値を更新して上
昇トレンドが継続する場合も多いのです。この場合は大きな時間足の波に
従って、まだ押し安値の割り込みは発生せず上昇トレンドが継続している
と判断します。

高値ラインや
安値ラインは人によって
見方が変わるのが普通。
自分自身の見方をしっかり
持つことが大事だよ！

FX の基本テクニック「水平線」で売買ポイントを探る

水平線を引いて支持帯・抵抗帯を見つける

　水平線を引くことで値動きの中に支持帯・抵抗帯を探すのはFXの基本といえるテクニカル分析です。水平線は大きな時間足から小さな時間足へ、時間足を落としながら各時間足で引いていきます。僕は日足、4時間足、1時間足、15分足、と大きな時間足から順に水平線を引いていくのを日課にしています。

　その際、大切なのは直近の値動きに対して影響力のあるラインを引くことです。以前は優位性のあった水平線も、値動きがその線を割り込んだり超えたりすると、それ以降はあまり影響を与えないことも多いです。

●押し目買いを狙う時は各時間足の押し安値のポイントと目立つ高値
●戻り売りを狙うなら各時間足の戻り高値のポイントと目立つ安値
　ここにラインを引いていきます（次ページ図1-15参照）。
●引くかどうか悩むようなら引かないのが原則

　一度引いた水平線は必ずそのライン近辺まで来たらエントリーを狙いましょう。実際のエントリーの根拠になる大切なラインになるので「ここは微妙かな」「ここは迷う」と感じるラインについては、エントリーの根拠として自信が持てなくなるので、引かないようにしましょう。自信のないラインを引きすぎてしまうと信頼性がなくなっていきます（次ページ図1-16参照）。

各時間足のラインにSell（D）、Buy（4H）──と名前をつける

　各時間足で、直近の値動きに対して「ここまで上がったらショートを狙

図1-15

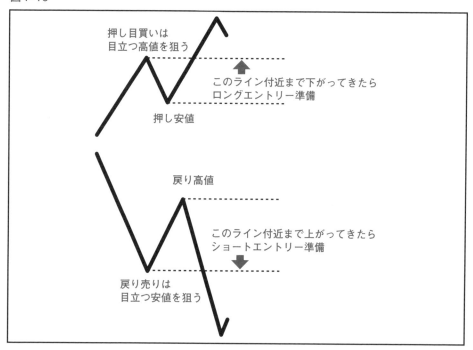

押し目買いは
目立つ高値を狙う

このライン付近まで下がってきたら
ロングエントリー準備

押し安値

戻り高値

このライン付近まで上がってきたら
ショートエントリー準備

戻り売りは
目立つ安値を狙う

図1-16

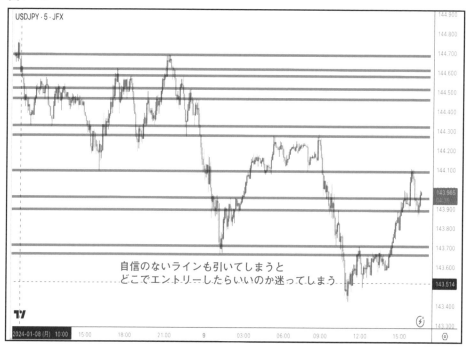

自信のないラインも引いてしまうと
どこでエントリーしたらいいのか迷ってしまう

図1-17

う」というポイントが見つかったら、Sell（D）［日足のショートポイント］、Sell（1H）［1時間足のショートポイント］、「ここまで下がったらロングを狙う」というポイントが見つかったら、Buy（D）［日足のロングポイント］、Buy（1H）［1時間足のロングポイント］――と時間足が分かる水平線を引いていくのがクロユキ式です（図1-17参照）。

水平線の中でも特に重要な動き「レジサポ転換」

水平線を巡る値動きの中でも特に重要なのは、

●過去の高値で抵抗帯として機能した後、抜けてから戻ってきた時に支持帯に変化して反転上昇する動き
●過去の安値で支持帯として機能した後、抜けてから戻ってきた時に抵抗帯に変化して反転下落する動き

図1-18　反転ラインの押し目買い・戻り売りポイント

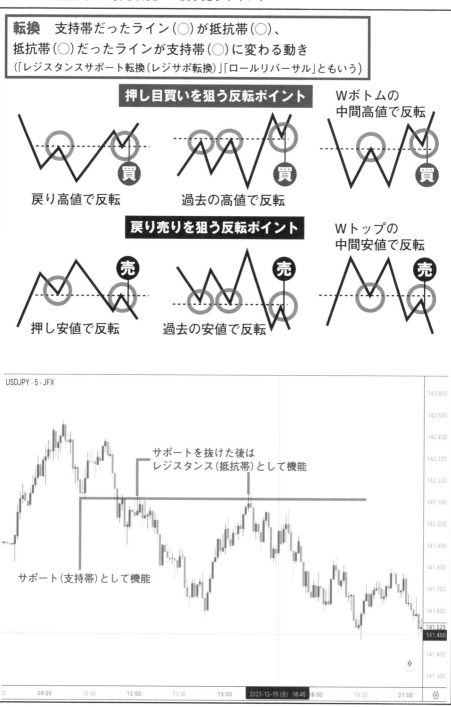

転換　支持帯だったライン（○）が抵抗帯（○）、
抵抗帯（○）だったラインが支持帯（○）に変わる動き
（「レジスタンスサポート転換（レジサポ転換）」「ロールリバーサル」ともいう）

押し目買いを狙う反転ポイント

Wボトムの
中間高値で反転

買

買

買

戻り高値で反転　　　過去の高値で反転

戻り売りを狙う反転ポイント

Wトップの
中間安値で反転

売

売

売

押し安値で反転　　　過去の安値で反転

USDJPY・5・JFX

サポートを抜けた後は
レジスタンス（抵抗帯）として機能

サポート（支持帯）として機能

2023-12-15（金）16:45

「レジスタンスサポート転換（レジサポ転換）」「ロールリバーサル」など
と呼ばれます。

　この動きは必ず狙ってください。

　どこで狙っていくのかというと、左ページの図1-18に示したように、

●押し目買いを狙うなら「戻り高値だった部分（ラス戻し）」「過去の高値
ライン」「チャートパターンのWボトムのネックライン」など

●戻り売りを狙うなら「押し安値だった部分（ラス押し）」「過去の安値ラ
イン」「Wトップのネックライン」など

　水平線というのは一種の「壁」です。

　値動きがそこまで進めば壁になって行く手を阻みますし、いったん超え
ると今度は逆方向の動きを支える壁として機能します。

フィボナッチリトレースメントで返しを確認

　どの高値・安値に水平線を引くか、またそのラインが値動きに対して今
後、影響を与えるかどうかを判断する時、直近高値と押し安値、直近安値
と戻り高値の値幅間に「フィボナッチリトレースメント」を表示させるの
も非常に有効です。

　「フィボナッチリトレースメント」は、高値と安値を設定して、その値幅
1に対して、0.382や0.618、「半値」に相当する0.5がどのレートに位置す
るかを教えてくれるテクニカル指標です。

　チャート上の重要だと思える水平線とフィボナッチリトレースメントの
0.382や0.618といった比率が重なっていたり、近くにあったりした場合
は根拠が重なるので「強いサイン」と判断出来ます。

　次ページの図1-19は高値と安値の波にフィボナッチリトレースメント

図1-19

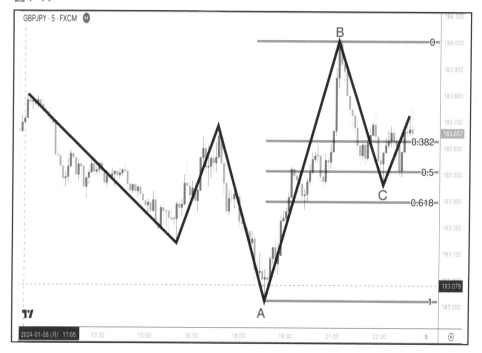

を表示させたものです。

　下降トレンドの戻り高値を突破したことで上目線に切り替え。調整で下がってきたところで押し目買いを狙いたいとフィボナッチリトレースメントで計測。半値ほど下げたところで反転上昇していくかもしれないという動き。このように調整でどのぐらい戻ってきたかを確認するために、フィボナッチリトレースメントを使います。ちなみに僕は0と1の他には0.382、0.5、0.618しか表示させていません。

サポレジに
フィボナッチを使うと
もう1つ売買判断の根拠が増えるよ。
簡単だからぜひ使ってね！

クロユキ式で重要な「環境認識」（マルチタイムフレーム分析）を覚えよう

環境認識（マルチタイムフレーム分析）をして「上位足に順張り」を心がける

　為替レートの値動きを分析する時は複数の時間足で総合的に判断しましょう、というのが環境認識（マルチタイムフレーム分析）です。

　環境認識（マルチタイムフレーム分析）のやり方は、まずは各時間足でトレンドの把握をします。トレンドの把握は押し安値や戻り高値で判断します。

　実際に僕が分析しているチャートの表示の仕方で解説していきます。

　次ページの図1-20に示したように、それぞれの時間足の値動きが上昇トレンドであれば押し安値の部分に、下降トレンドであれば戻り高値の部分に各時間足の表示をしておきます。

D：日足の戻り高値
4H：4時間足の戻り高値
IH：I時間足の押し安値
15M：15分足の押し安値

　ここから入ってくる情報は、日足や4時間足ではまだ下降トレンド中であり、1時間足と15分足では上昇トレンドで上がってきていることが分かります。例えば、この時点でエントリープランを立てるなら15分足で押し安値を割ったらショートエントリーを考えていこうかなとか、日足や4時間足の支持帯があるから押し目買いを狙っていこうかなとかになります。

　この2つを考えれば、直近の1時間足や15分足は上げてきている。しかし上位足の4時間足などは下降トレンド。上位足に順張りなら15分足など

図1-20

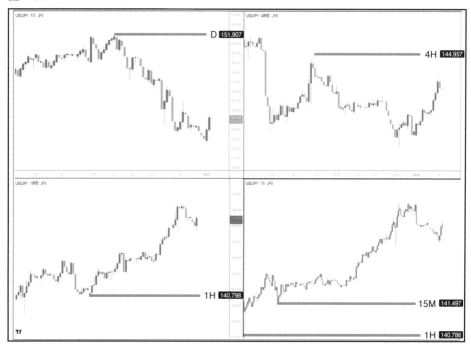

が崩れてからショートエントリーを検討。それまでは直近の上げが強いし、上位足でも抵抗帯がないのでロングエントリーで入っていこう。1時間足と15分足が上昇トレンドで5分足や1分足を執行足にするなら上位足に対しても順張りエントリーが出来る。よし、じゃあ15分足の押し安値を割り込むまでは5分足・1分足でロングエントリーを狙っていこう、というエントリープランを立てることが出来ます。その後の値動きは右ページ図1-21の通り。

　環境認識（マルチタイムフレーム分析）の最大のメリットは目線を固定出来ることです。目線が固定出来るというのは狙うべき方向が決まるということ。上位足が上昇トレンドなら、目線をロングに固定出来ます。反対に上位足が下降トレンドならショートに。目線が固定出来たら、次は下位足で「どこを狙っていくか」を探します（図1-21参照）。

図1-21

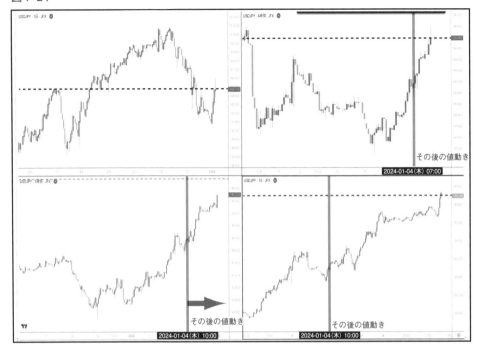

ダウ理論・水平線・環境認識の総合運用

　環境認識（マルチタイムフレーム分析）を行ううえで押し安値・戻り高値によるトレンド把握が必要不可欠のように、ダウ理論・水平線・環境認識は総合的に運用する必要があります。

　環境認識をしたうえで、さらにトレンドラインや平行チャネル、チャートパターン、移動平均線や他のインジケーターなどを使って、「なぜ、そこでエントリーするのか」の根拠をどんどん積み上げて精度を高めていくのが「勝てるFXトレーディング」の基本です。

　環境認識だけを見れば非常に単純で、「なんだ、初心者でもすぐ出来るじゃないか」と思われるかもしれません。その通りです。上級者になれば

なるほど、より難易度の高いことをしているわけではありません。ダウ理論や水平線、チャートパターン、移動平均線など、どれだけ多くのエントリー根拠を積み上げ、自信を持って精度の高いトレードが出来るか。その「差」が初心者と上級者の違いなのです。

　しっかりとした「土台」があって、そのうえに積み重ねていくからこそ意味があります。しっかりした土台が出来ていないうちにMACDやボリンジャーバンドなどを組み合わせて複雑なテクニカル指標を色々使おうとしても、土台がなければ使いこなせません。まずはダウ理論・水平線・環境認識という基礎をしっかり磨いていきましょう。

マルチタイムフレーム分析では
常に上位足に対して順張りでエントリー
することが基本だということを
覚えておいてね！

「チャートパターン」を
自分の武器にするには

値動きの予測に欠かせないチャートパターン

　為替レートの値動き全体の形からその後の値動きを予測する方法は「チャートパターン（分析）」や「フォーメーション分析」と呼ばれます。チャートパターン（値動きの形）にはトレンドが転換するときに出現しやすい「トレンド転換型」と、トレンド相場がいったん調整したあと、再び加速する前に出やすい「保ち合い型」の2つがあります。特徴的なチャートパターンの見方を、次の2ページの図1-22-1、2にまとめたので参考にしてください。

チャートパターンが教科書通りきれいに出るのは稀

●実際の相場で出るのはきれいなチャートパターンだけではない

　チャートパターンは教科書に出てくるようなきれいな形だけではないですし、トレーダーによっては「これはWトップ」「いや、Wトップじゃない」と意見が分かれるものも出てきます。つまり、チャートパターンは「これが自分のチャートパターン完成」という基準をしっかり持たないとエントリーには使えません。

　自分のチャートパターンの判断基準をしっかり持って、その基準通りならエントリー。自分が決めた基準から見て失敗やダマシだと判断したら、早めに損切りをしたり、そもそもエントリーをしないことが大切です。

図1-22-1　さまざまなチャートパターンとその見方①

Wトップ・Wボトム

同じ水準で2度、高値や安値をつけて
跳ね返された形。ネックライン割れ・超えで完成

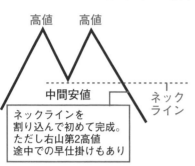

ネックラインを
割り込んで初めて完成。
ただし右山第2高値
途中での早仕掛けもあり

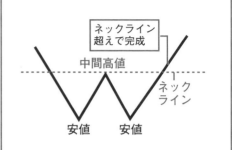

ネックライン
超えで完成

汚い形でもWトップ・Wボトムと見なす

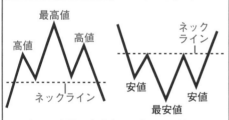

高値・安値が
そろっていない

高値・安値の形が汚い

トリプルトップ
にも見える

高値をつけるまでの
値動きが変則的

Wトップ・Wボトムの値幅予測

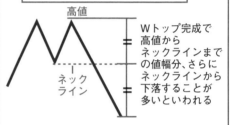

Wトップ完成で
高値から
ネックラインまで
の値幅分、さらに
ネックラインから
下落することが
多いといわれる

三尊天井・逆三尊

三尊天井はヘッド・アンド・
ショルダーともいう

きれいな形で出現することはほぼない。
汚い形でも第3高値が最高値に届かず
下落したところから早仕掛けする

トリプルトップ・トリプルボトム

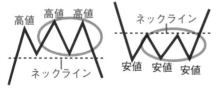

3度高値・安値をつけてネックライン割れ・超え
で完成。○だけ見ればWトップ・Wボトム

ペナント・三角保ち合い・トライアングル

トレンドの途中に出る中段保ち合い。
高値切り下げと安値切り上げという
チャネルがぶつかって戦っているととらえる

方向性のないレンジ相場で値動きが
煮詰まっている。ブレイクするまで様子見

ペナント、三角保ち合い、トライアングルは全て
値動きが煮詰まったあとブレイクするパターン。
出現する場所が違うといわれるが僕からすると同じ

図1-22-2　さまざまなチャートパターンとその見方②

フラッグ

下降フラッグ　　上昇フラッグ

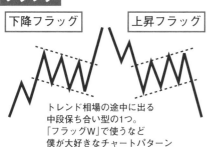

トレンド相場の途中に出る
中段保ち合い型の1つ。
「フラッグW」で使うなど
僕が大好きなチャートパターン

ウェッジ

下降ウェッジ　　上昇ウェッジ

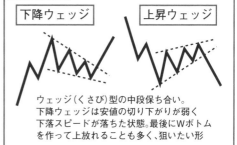

ウェッジ（くさび）型の中段保ち合い。
下降ウェッジは安値の切り下がりが弱く
下落スピードが落ちた状態。最後にWボトム
を作って上放れることも多く、狙いたい形

アセンディング・トライアングル

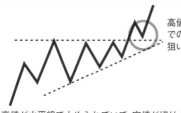

高値ライン
での反転も
狙いたい

高値が水平線で止められていて、安値が切り上がって
いく三角保ち合いの一種。下にいく場合もあるが
上に抜けていくとロングで狙いやすい

ディセンディング・トライアングル

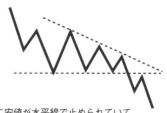

逆に安値が水平線で止められていて
高値が切り下がっていくタイプ。
下に抜けていくとショートで狙いやすい

ソーサートップ・ボトム

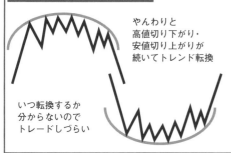

やんわりと
高値切り下がり・
安値切り上がりが
続いてトレンド転換

いつ転換するか
分からないので
トレードしづらい

カップウィズハンドル

※上下逆にしたパターンもある
ソーサートップ形成後に大きく上昇したものの高値を
切り下げて再び下落するパターン。逆さのカップに
ハンドル（握り手）がついている形。最後の急激な上昇を
見て「買いだ」と慌てないためにも覚えておきたい

レクタングル

ブレイクだけでなく
反転も狙う

「レクタングル」は「長方形」。
単なるレンジ相場のこと。
頻出パターン

ダイヤモンド

値動きが激しいところは
トレードするのが難しい。
値動きが煮詰まるのを待つ

スパイクトップ・スパイクボトム

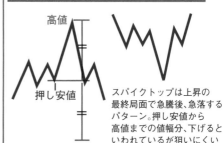

高値

押し安値

スパイクトップは上昇の
最終局面で急騰後、急落する
パターン。押し安値から
高値までの値幅分、下げると
いわれているが狙いにくい

チャートパターンもまた
人によって判断が分かれます。
だから、自分自身の判断基準が
持てるようになるまで
しっかりチャートを見ながら
試行錯誤を繰り返すことが大事なんだ。
そしてちゃんと自分の技として
使えるようになろうね！

「押し目買い・戻り売り」を異次元レベルで極める5つのポイント

「異次元の押し戻り手法」で
エントリーの精度を上げる

押し目買い・戻り売りを極めていく

FXで最も基本とも言える押し目買い・戻り売りは、

● **上昇トレンドがいったん調整下落して、再度上昇する動きを狙った取引**
● **下降トレンドがいったん調整上昇して、再度下降する動きを狙った取引**

クロユキ式押し戻り手法では上位足のトレンドと反対方向にどのぐらい調整したらエントリーするかの基準を決めています（図2-1参照）。

押し目買い・戻り売りの時間足のバランス

押し目買い・戻り売りは下位足の短い波に対して逆張りになりやすいのでエントリーするポイントが難しいと感じる人がいるかもしれません。押し目買い・戻り売りで大切なのは時間足のバランスです。

例えば、1時間足を見ていて、「どこで押し目買いしようか」というポイントを同じ1時間足の中から探すことも出来ます。しかし実際にエントリーするポイントは時間足を落としてみないとなかなか発見することが出来ません。

継続しているトレンドの一時的な調整を狙って押し目買い・戻り売りポイントを探す場合、

● **より短い時間足で調整局面を探し、その調整が終わって再びトレンドが加速する場面を狙う戦略のほうがチャンスが増える**

● **エントリーポイントを探す時はチャートの時間足を2つ落とせ**

図2-1

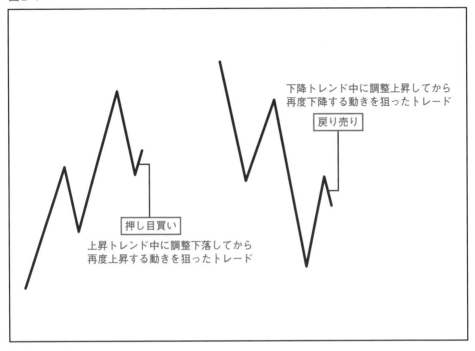

下降トレンド中に調整上昇してから
再度下降する動きを狙ったトレード

戻り売り

押し目買い

上昇トレンド中に調整下落してから
再度上昇する動きを狙ったトレード

　これが押し目買い・戻り売りの時間足ルールです。「実際にエントリーする時間足である執行足より2つ上の時間足のトレンドに対して順張り」という考え方になります（次ページ図2-2参照）。

　僕はチャートの時間足を日足→4時間足→1時間足→15分足→5分足→1分足に設定しているので、4時間足のトレンドで押し目買いを狙いたいなら、そのポイントは2つ落として15分足で探します。

●1時間足で狙うなら5分足
●15分足で狙うなら1分足

異次元の押し戻り手法の手順

　それでは本書で紹介するクロユキ式トレード手法第1弾「異次元の押し

図2-2　押し目買い・戻り売りと2つ離れた時間足の関係性

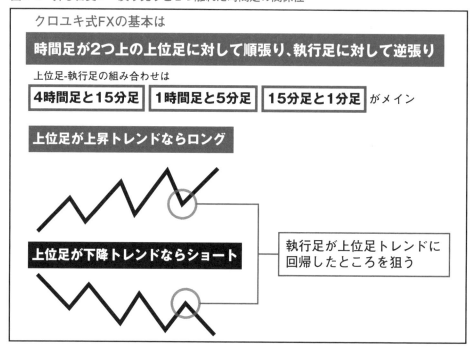

戻り手法」について解説していきます。

　解説した手順通りに使ってもらうと、実戦で通用する押し目買い・戻り売りが自然と出来るようになるはずです。平日20時からYouTubeでLive配信している【FXトレードLive】でもこの手法でのトレードを解説しているため、この手法のことを「Live手法」と呼んでいますが、本書では「押し戻り手法」とします。

　この手法では、トレンド判断に使う上位足（順張り対象）と実際にエントリーポイントを探す執行足（逆張り対象）の2つを使用。エントリーまでの手順は図2-3のようになります。

① 　上位足（執行足の2つ上の時間足）のトレンドを押し安値・戻り高値から確認

② 　上昇トレンドの場合、直近高値と、その高値を作る波の起点になった

図2-3　異次元の押し戻り手法①〜⑤の手順

異次元の押し戻り手法

① 上位足（執行足の2つ上の時間足）
　のトレンドを押し安値・戻り高値
　から確認

上位足が上昇トレンドならロング
上位足が下降トレンドならショート

② 上昇トレンドの場合、
　直近高値と、その高値を作る
　波の起点になった押し安値の
　値幅の半分以下（フィボナッチ
　リトレースメントで計測）まで
　下落してきたらエントリー準備
　下位足（執行足）に切り替えて
　半値以上になるのを待つ

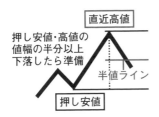

③ 下降トレンドの場合、
　直近安値と、その安値を作る
　波の起点になった戻り高値の
　値幅の半分以上（フィボナッチ
　リトレースメントで計測）まで
　上昇してきたらエントリー準備
　下位足（執行足）に切り替えて
　半値以上になるのを待つ

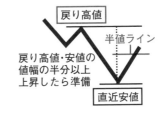

④ 半値に到達したら
　トレンドラインブレイク
　（3点反応）
　Wトップ・Wボトムを形成したら
　エントリー

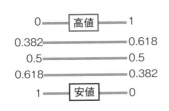

⑤ 損切りは押し目や戻りと
　判断した場所。
　利確は損切りからRR1：1で設定

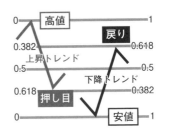

図2-4

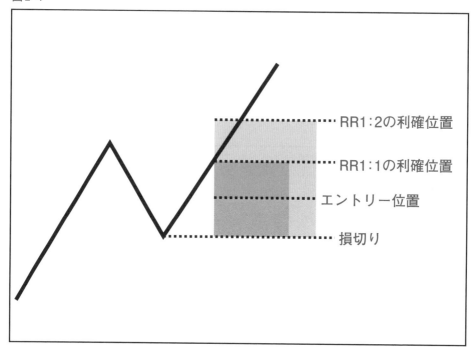

押し安値の値幅の半分以下（フィボナッチリトレースメントで計測)
まで下落してきたらエントリー準備
下位足（執行足）に切り替えて半値以上になるのを待つ

③ 下降トレンドの場合、直近安値と、その安値を作る波の起点になった
戻り高値の値幅の半分以上（フィボナッチリトレースメントで計測)
まで上昇してきたらエントリー準備
下位足（執行足）に切り替えて半値以上になるのを待つ

④ 半値に到達したら
トレンドラインブレイク（3点反応）
Wトップ・Wボトムを形成したらエントリー

⑤ 損切りは押し目や戻りと判断した場所。利確は損切りからRR1：1で
設定

RR（リスクリワード）とは見込み損失と見込み利益の比率です。

図2-5

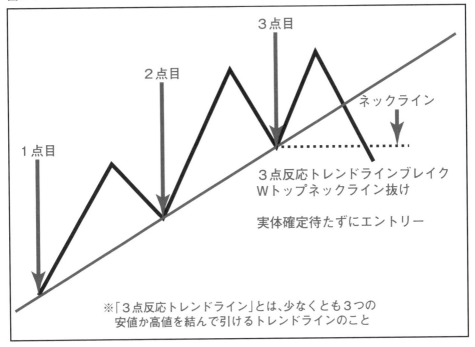

3点目

2点目

ネックライン

1点目

3点反応トレンドラインブレイク
Wトップネックライン抜け

実体確定待たずにエントリー

※「3点反応トレンドライン」とは、少なくとも3つの
安値か高値を結んで引けるトレンドラインのこと

　リスク（損切り予定位置までのpips）が20pipsでリワード（利確予定位置までのpips）が40pipsの場合はRRが1：2になります。なのでRR1：1の場合は損切り予定位置と利確予定位置のpipsが同じpipsということです（左ページ図2-4参照）。

　エントリーのタイミングは図2-5のように実体確定を待たずにトレンドラインとWトップ（Wボトム）のネックライン超え（割れ）、この2つの条件を満たしたらエントリー。

　では次ページ以降図2-6、2-7、2-8、2-9で実際にチャートを見て、どのようにしてエントリーまでいくのか確認していきましょう。

図2-6

まずは上位足トレンドを把握
戻り高値を上抜けして
高値・安値ともに切り上がっているので
上昇トレンドと把握

図2-7

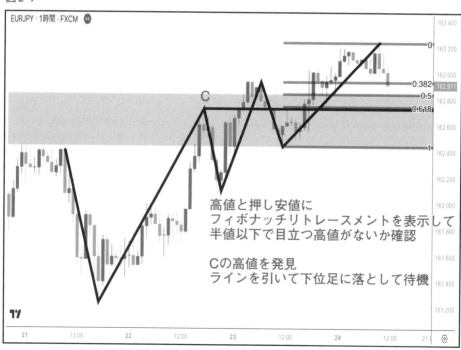

高値と押し安値に
フィボナッチリトレースメントを表示して
半値以下で目立つ高値がないか確認

Cの高値を発見
ラインを引いて下位足に落として待機

図 2-8

図2-6、2-7の1時間足ではここまで表示

下位足のその後の値動きが
こちら

図 2-9

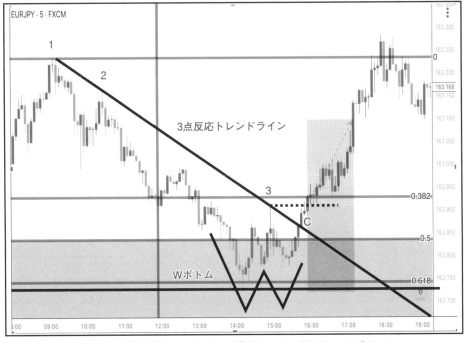

1

2

3点反応トレンドライン

3

C

Wボトム

図2-10

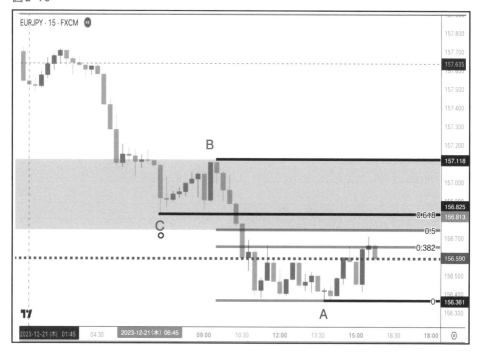

では他にも見ていきましょう。

　図2-10に示した15分足下降トレンド中で安値Aと戻り高値Bにフィボナッチリトレースメントを表示させて半値以上返したところで目立つ安値がないか確認すると、（C）が見つかりました。次はこの（C）のポイントに1分足で近付いた時にエントリー出来るのか見てみましょう。

・半値以上戻したところで目立つ過去の安値での反発
・そこで3点反応トレンドラインブレイクとWトップ形成
・Wトップのネックラインを割ったところ（図2-11のD）でエントリー
・利確は損切りである戻りからRR1：1
　このようにエントリーしていきます。

図2-11

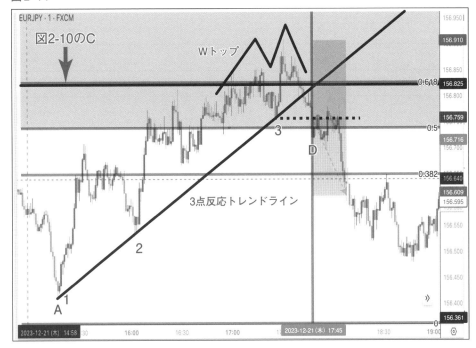

半値押しが基本だが0.382ラインを狙うことも

慣れてきたら半値まで下げてきたところではなく、フィボナッチリトレースメントの重要比率である0.382ラインまで下げてきたあとの戻しも狙ってみましょう。

次ページの図2-12に具体例を示しました。図の中に、0.382の戻しと過去の目立つ安値（C）が重なるところがありました。下位足でエントリー出来るかどうか確認していきましょう。

4点反応トレンドラインとWトップネックライン抜けでエントリー（次ページ図2-13参照）。

Wトップはこのように形がちょっと崩れている時はきれいな時よりも優

図2-12

図2-13

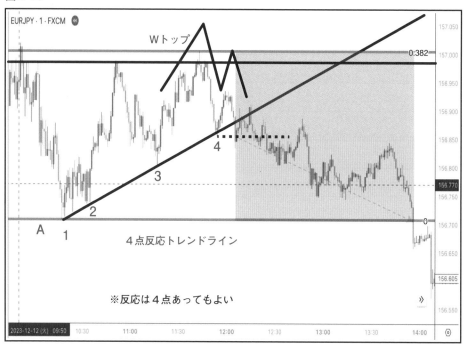

図2-14

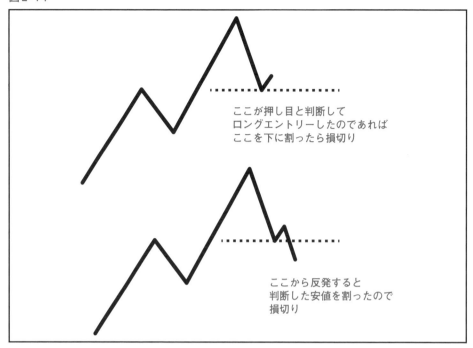

ここが押し目と判断して
ロングエントリーしたのであれば
ここを下に割ったら損切り

ここから反発すると
判断した安値を割ったので
損切り

位性が落ちますので、より盤石にエントリーをしたい方はきれいなWトップまで待っても構いません。個人的にはこのぐらいのWトップであれば狙っていきます。

　0.382自体は返しも浅いので多少反発してから半値や0.618ラインまで再び調整に転じることも多くなります。まずは基本ルールである半値押し以上に、"引きつけて引きつけて"待つトレードで勝てるようになってから0.382ラインも見ていきましょう。

　FXは欲張るとやられます。当然、分析がハズれた時の損切りは厳守。押し目買いは調整後に上昇が再開した初期段階で入るので、押し目となった直前の安値を割り込んだら絶対に損切りしてください。
　戻り売りは下がったところで入っていくわけですから、その直前の戻り高値を超えてきたら必ず損切りです。

図 2-15

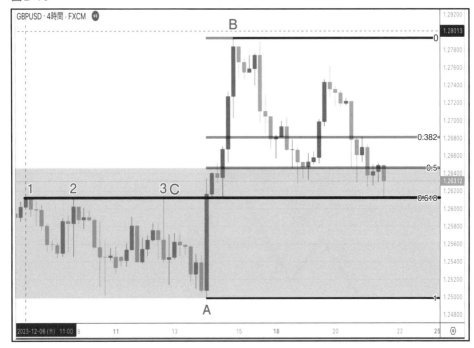

　なぜなら、そこで直近の下げの勢いが止まって反発していくというのが
このエントリーのメインの根拠なので、それがハズれてしまった以上エン
トリーの根拠がなくなってしまったと判断します。

　損切りのポイントが極めて明確で、逆に動いたらさっさと切っていける
のが押し目買い・戻り売りのメリット。時間足を2つ落としてエントリー
ポイントを探すことで、待てるようになるし、狙いどころがよく分かるよ
うになるのが、この押し戻り手法の強みです。

　ターゲットとなる押し目買い（戻り売り）ポイントのラインが抵抗帯
（支持帯）として何度も機能していたところは必ず狙うようにしましょう。

　図2-15のBの高値とAの押し安値にフィボナッチリトレースメントを表

図2-16

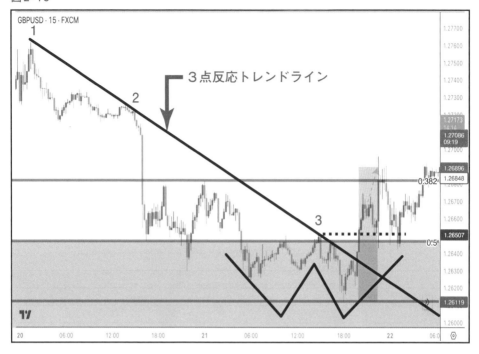

3点反応トレンドライン

示させて半値以上下落したところで目立つ高値を探していたら3点も反応
しているラインCが引けました。こういった時は必ず狙っていきましょう。

　ここからやることはいつも通りです。図2-16に示したように、3点反応
トレンドラインブレイクとWボトム形成によるネックライン（点線）超え
でエントリー。
　損切りは押し目で利確は損切りからRR1：1。

負けトレードからもしっかり学ぼう

　ルール通りエントリーをしていれば負けは仕方ありません（次ページ図
2-17、2-18の押し目買いの失敗例参照）。しっかりと負けることでその後
の勝ちを積み重ねることも出来ます。勝つためには負けることが必要とい
うことです。

図 2-17

図 2-18

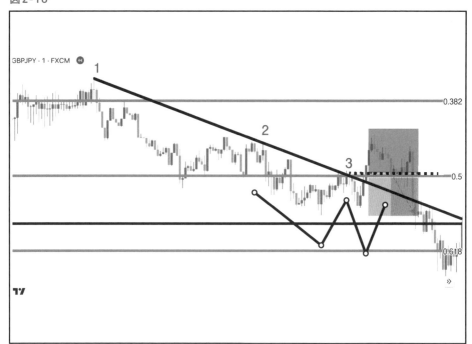

図2-19

ヒゲ先で反応している相場

図2-20

実体で反応している相場

ちなみにトレンドラインの引き方はトレーダーによって違います。今回の手法でも特定の引き方である必要はありません。

　トレンドラインを実体ベースで引くトレーダー（前ページ図2-19参照）、ヒゲ先で引くトレーダー（前ページ図2-20参照）がいますが、どちらでも構いません。僕は基本的にはヒゲ先で引くことが多いです。

　最後に押し戻り手法をまとめます。57ページの手法をより詳しく説明しました。

1時間足押し目買い手法手順	15分足戻り売り手法手順
1　1時間足の上昇トレンドを確認	1　15分足の下降トレンドを確認
2　押し安値から高値までをフィボナッチリトレースメントで測り半値以上押すまで待つ	2　戻り高値から安値にフィボナッチリトレースメントで測り半値以上返すまで待つ
3　1時間足押し安値まで半値以下の1時間足・5分足の目立つ高値にラインを引く	3　15分足戻り高値半値以上の15分足・1分足の目立つ安値にラインを引く
4　半値まで下落したら5分足に切り替える	4　半値まで上昇したら1分足に切り替える
5　3で引いたライン付近でトレンドライン（3点反応）ブレイクWボトム確認でエントリー	5　3で引いたライン付近でトレンドライン（3点反応）ブレイクWトップ確認でエントリー
6　損切りは押し目に設定。利確はRR1：1	6　損切りは戻りに設定。利確はRR1：1
他の時間足は時間を変更してください	他の時間足は時間を変更してください

「フラッグＷ」を
勝率アップの武器に育てる

押し戻り手法を進化させたフラッグＷ

　押し戻り手法に追加することでさらに優位性が高くなる手法を紹介します。実際、2023年の僕自身のトレードでも勝率が高く利益も大きかった手法です。初心者でYouTube Live視聴の方も、この手法で勝っていることが多いのでぜひ紹介したいと思います。

　その手法は「フラッグＷ」と命名しています。この手法ではチャートパターンのフラッグという保ち合いからのブレイクをエントリー根拠に使います。

　次ページの図2-21がフラッグの概念図と具体例です。

　フラッグとは高値と安値が同じ角度のラインで反応しているチャートパターンになります。

　下降トレンド中に発生した「上昇フラッグ」を下にブレイクしたところでショートエントリー。上昇トレンド中に発生した「下降フラッグ」を上にブレイクしたところでロングエントリーになります。

　チャートの値動きの中にフラッグを見つける時に使うのが平行チャネル（チャネルライン）です。

　例えば、上昇フラッグの場合は、安値同士を結んだラインを平行移動させて、目立つ高値のところまで持っていくと、そのライン上に他の高値も重なって、値動きがほぼ平行チャネル内にピッタリ収まっていることが成立の条件です。平行移動させたラインが目立つ高値以外の値動き（他の高値）と重ならない場合はフラッグと見なしません。

図2-21　上昇・下降フラッグと平行チャネルのルール

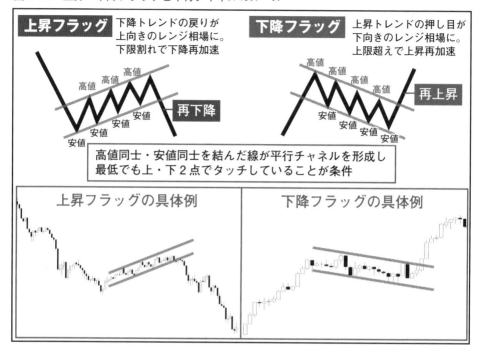

上昇フラッグ　下降トレンドの戻りが上向きのレンジ相場に。下限割れで下降再加速

高値　高値　高値　高値
安値　安値　安値　安値

再下降

下降フラッグ　上昇トレンドの押し目が下向きのレンジ相場に。上限超えで上昇再加速

高値　高値　高値　高値
安値　安値　安値　安値

再上昇

高値同士・安値同士を結んだ線が平行チャネルを形成し最低でも上・下2点でタッチしていることが条件

上昇フラッグの具体例　　**下降フラッグの具体例**

図2-22

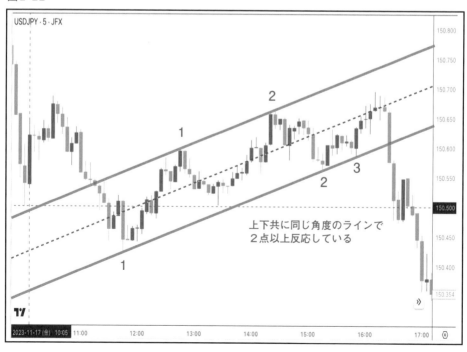

USDJPY · 5 · JFX

上下共に同じ角度のラインで2点以上反応している

2023-11-17 (金) 10:05

図2-23

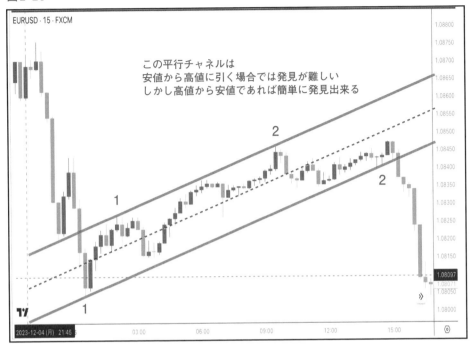

この平行チャネルは
安値から高値に引く場合では発見が難しい
しかし高値から安値であれば簡単に発見出来る

●下降トレンド中の上昇フラッグの場合は「上2点、下3点」

●上昇トレンド中の下降フラッグの場合は「上3点、下2点」で、平行チャネルと高値・安値が重なっていると非常に優位性が高くなります

　最低でも「上2点、下2点」でチャネルにぶつかっていないと、平行チャネルとして認識しません。

　基本的に平行チャネルでフラッグを見る場合、上昇フラッグであれば安値同士で引いているトレンドラインを高値に持っていくことが多いと思います。フラッグを見る場合は高値同士を結んだトレンドラインを安値に持っていく方法もありますので、フラッグを多く見つけたい人はこちらも確認するようにしてください（左ページ図2-22、上図2-23参照）。

　次ページ図2-24に「Wトップ完成＋上昇フラッグの下方ブレイクでシ

図2-24　フラッグWの成立条件＝フラッグ＋Wトップ・Wボトム

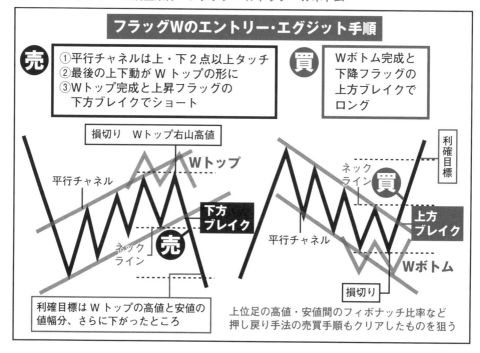

「ショートエントリー」と「Wボトム完成＋下降フラッグの上方ブレイクでロングエントリー」の概念図を示したので参考にしてください。

●ショートのエントリーポイントは上昇フラッグの下限ラインを突破したあと、Wトップのネックラインも割り込んだところ（図2-24の売り参照）
●損切りラインはその直前につけたWトップ右山の高値
●利確目標は、Wトップの高値と安値の値幅分さらに下がったところ。このエントリー・エグジット設定なら、リスクリワード1：1のトレードになる。

フラッグWを使った押し目買い、戻り売りの具体例

　下降トレンドの戻りがフィボナッチリトレースメントで0.618ラインまで達して、ちょうどそこに過去の目立つ安値Cがあります（図2-25参照）。

図 2-25

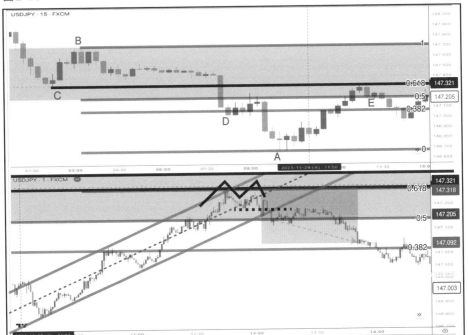

図 2-26

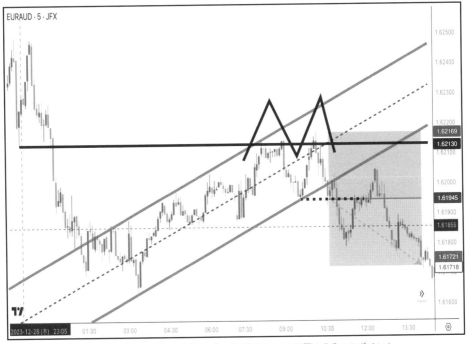

このライン付近で戻り売りをしかけようと待ち構えていると、フラッグが出現してさらにWトップが出来ました（前ページ図2-25参照）。迷わずエントリーをする場面です。

図2-25の次の図2-26の例は同じ時間足だけで決済までいけるものです。

基本的には下位足に落として見にいきますが、環境認識から決済まで同じ時間足でもエントリー出来ることがあります。慣れてきたらこういったトレードも狙っていきましょう。どの時間足でも使えますので自分に合う時間足でエントリーしてください。

トレードを見送るべきケースとは？

他の手法でも見送るべきケースはあるのですが、エントリーによってはエントリーしたい方向で利確ポイント到達までに上位足の抵抗帯があることがあります。

上位足の押し目でエントリーしていますが、エントリーするタイミングが遅くなってしまい、上位足の抵抗帯がある場合は、トレードを見送る選択肢も持ちましょう（図2-27参照）。常に自分のエントリーとは逆方向のエントリーを自信満々に打ち込んでいるトレーダーがいることを忘れずに。

押し目買いなのに押し目から遠い時も見送りましょう。

新しい手法を覚えたての方は、その手法を使ってみたくてうずうずしていると思いますが「チャートを無理やり型にはめて見ないこと」が大切です。無理やりこじつけて見てしまうと、負けてしまうケースが多発します。エントリー条件が定義されている手法に関しては、条件に当てはまらない場合はエントリーを見送ることが大事です。

もしエントリーしたい場合は、本来のルールからハズれているトレード

図2-27

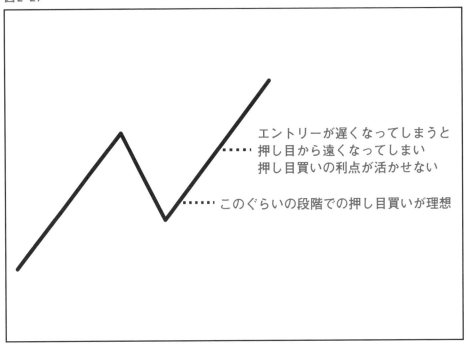

エントリーが遅くなってしまうと
押し目から遠くなってしまい
押し目買いの利点が活かせない

このぐらいの段階での押し目買いが理想

でどのぐらいの成績を出せるのか、しっかり検証してからにしましょう。

　この押し戻り手法は王道とも言える手法です。こんなシンプルな手法で勝てるのか、と不安な人は是非Liveにきてください。このシンプルな手法だけでもしっかり結果が出せることをLiveで伝えています。

エントリーを見送る。
そう、闇雲にエントリーせず
「待つ」こともトレードでは
とても大事だよ！

「エリオット波動」と「海外市場」で相場を俯瞰する

エリオット波動

　テクニカル分析の1つにエリオット波動と言うものがあります。押し戻り手法とWW手法を使う時に、このエリオット波動の動きを理解しておくとさらに狙い所が鮮明になります。

　エリオット波動の基本的な動きは上昇トレンドであれば、図2-28のように波をつけて上がっていきます。

　エリオット波動の動きで狙うべきポイントは2つ。
・**第3波の初動**
・**第5波の初動**
　この2つを狙っていきましょう。
　まず第3波を狙うには、トレンド転換を理解しなければいけません。上昇トレンドの第3波を狙うのであれば、下降トレンドの終了、戻り高値を上抜ける部分を把握する必要があります。
　具体的には次のようなポイントを狙っていきます。

　図2-29の概念図で説明すると、戻り高値（A）を抜けることで下降トレンドの終了。そのあと高値（C）で折り返しを待って、最安値（B）と高値（C）の間で半値以上押したことを確認して（D）で狙っていく。これが第3波の狙い方です。
　次ページに掲載した、実際のチャート図2-30で見ていきましょう。上昇トレンドから下降トレンドに変わったあとの第3波を取りにいきます。

　1時間足を上位足としてその押し安値を割ったことで下降トレンドの第

図2-28

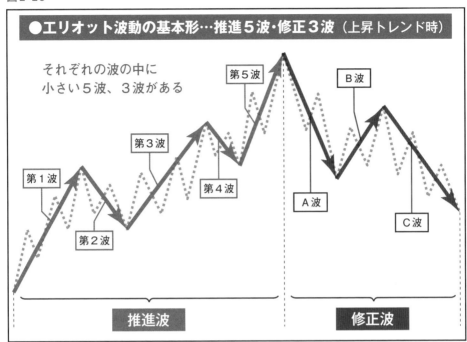

●エリオット波動の基本形…推進5波・修正3波 （上昇トレンド時）

それぞれの波の中に
小さい5波、3波がある

第5波

B波

第3波

第1波

第4波

第2波

A波

C波

推進波

修正波

図2-29　第3波狙いの概念図

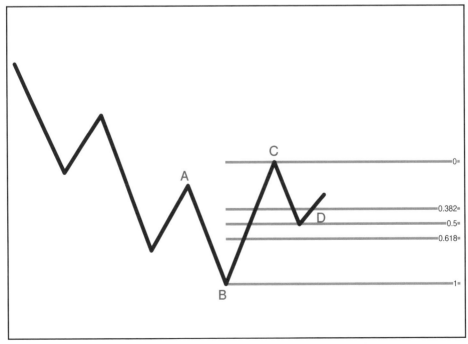

A

C

0

0.382

0.5

D

0.618

B

1

図2-30

図2-31

3波を取りにいくため、半値以上の返しを待ちます。0.618付近の高値Aで
Wトップで止められ、フラッグブレイクでショートエントリー。エリオッ
ト第3波の初動付近から入る時は、目立つ高値・安値がないことも多いの
で、フィボナッチリトレースメントでの折り返しとトレンドラインブレイ
クやチャートパターンの活用が重要になります。

　ちなみにエリオット第3波狙いの時は1つの時間足でそのままで狙って
いけることもあります。

　図2-31のケースでは15分足の戻り高値を超えてロング目線に変わった
ところで半値以上の押しを待つ。半値まで押した時に3点反応トレンドラ
イン＋チャートパターンが出現。トレンドラインとWボトムのネックライ
ンを超えたところでロングエントリー。

図2-32

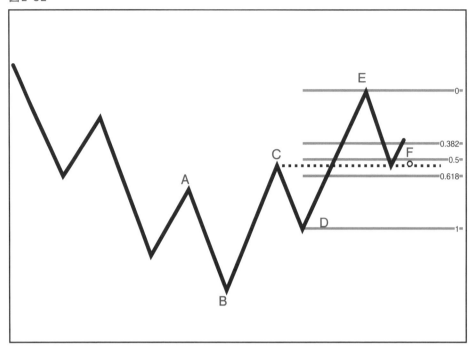

では第5波はどのように狙うのか

　狙うべきポイントはシンプルです。図2-32のように第1波の高値である Cのポイントまで第4波が下がってきたら狙っていきます。その際に少なくとも第3波（DからE）の0.382以上返してからが無難です。Cのラインを下から抜けて十分に上昇しないうちにロングエントリーしないこと。上図のように第3波が明確に形成されたことを確認し、その後第1波の高値（C）まで帰ってきたところを狙ってエントリーしましょう。

実際のチャートでは（図2-33参照）

　第4波の安値（F）で押し戻り手法などを使ってエントリー出来れば優位性の高いエントリーが出来ますので、必ず狙うようにしましょう。

図2-33

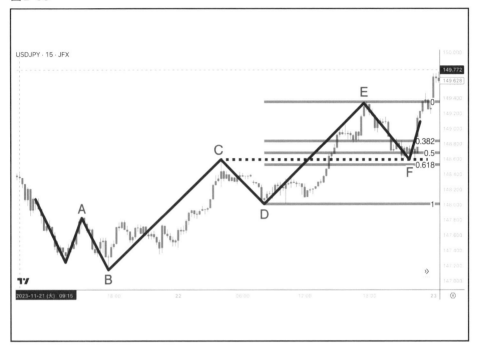

損切りの考え方

　損切りの位置をどうやって決めたらいいのか分からない。これは定番の質問で、これに悩む人も多いものです。しかし答えは非常にシンプルです。

●エントリーのメイン根拠が崩れたら損切り

　例えば押し目買いの場合、押し目と判断して反発上昇を確認してエントリーしたのであれば、押し目と判断したところを割ってしまったら、押し目買いと判断した根拠が崩れてしまうのでそこで損切りします。

　何も難しいことはありません。だから分かりやすい根拠を持ってエントリーをしなければいけないということです。必ず**「エントリーする前」**に利確と損切りの位置を決めてからエントリーしましょう。

損切りは具体的にどこに置くのか

　次に悩むのはラインピッタリに損切りを置くのか、それとも多少そのラインに幅を持たせたところに置くのがいいのかという問題。

　これに関して答えはありません。どこに損切りを設定しても損切り決済された直後に反発していったということが起こります。歴戦のトレーダーでも当たり前にあります。だからこそ悩まず、ここに設定するとルールを決めてそれで負けたらしょうがないという割り切った考えが必要になります。

　ラインピッタリに損切りを置くのか、そこから2pips・3pips余裕を見るのか、または実体で抜けたら損切りにするのかはどれが自分に合っているかで決めていきましょう。

　ここで大事なのは1回のトレードで決めないことです。当然ラインピッタリに損切りを置くよりも、3pips余裕を見たり、実体抜けまで待つ方が勝率は上がります。しかしその分負けるたびにラインピッタリで切った時よりも損失が大きくなります。実体抜けに関しては負ける時のpipsが事前には分からないというリスクもあります。手法さえ問題なければ長い期間運用する間に、どこに損切りを置いても結果はそこまで変わらなくなります。自分に合った損切りの位置で見ることが大事です。

　トレードを積み重ねていくと、よくある負け方が分かります。それが見つかれば対応するだけなので、トレードを見直して自分の負けパターンを探していきましょう。

　あとは損切りの話の時に出てくるのがナンピンです。ナンピンとは含み損を抱えている状態で新規に同じ方向にエントリーをすることです。こちらもやっていいかどうかはシンプルです。

やってもいいナンピンはエントリーする前に逆行したらここでナンピンすると決めておく、このようにナンピン前提のエントリーであれば問題ありません。

　間違ってもエントリーする前は明確に考えてなかったのに早く含み損を無くしたいからといった理由でナンピンすることは避けましょう。それをやっていたら間違いなくどこかで大きな損失を被ります。

　損切りして熱くなって、取り返そうとして、やってはいけないトレードをしてしまう人は勝てるようになれません。ただし頭では分かっていても出来ない人もいるでしょう。そういった人はトレードで負けて熱くなっていると感じた時の行動を決めておきましょう。散歩に行くのもいいでしょう。顔を冷水で洗ったり、いったんゲームをしたりと。とにかく相場から離れることを意識してください。**良いトレードは平常心の時にしか出来ないと思っていてください。**

注意する時間帯

　どんなにルール厳守で取引しても、トレードに向かない時間帯・警戒しなければいけない時間帯があります。

●経済指標・要人発言

　FXの相場では、この経済指標発表のタイミングを知らないと大きな損失を被る可能性が高くなるというものがあります。経済指標とは簡単に説明すると、この時間になったら大きく相場が動きますよというものです。どっちに動くかは事前には分かりません。

　この経済指標や要人発言には、影響の大きなものから小さなものまであります。特に気にする必要のないものも多くありますが、大きなものは必ずエントリーする前に確認しておきましょう。

図2-34

1月11日（木）の為替相場の注目材料	指標ランク（注目度＆影響度）	市場予想値	前回発表値
↓明日以降の注目材料↓ →12日（金）：米）生産者物価指数、JPモルガンチェース、バンクオブアメリカ、シティグループの決算 →来週：月曜日（15日）は米国が祝日で金融市場が休場、米国の小売売上高（17日）やミシガン大学消費者信頼感指数［速報値］（19日）の発表を控える			

時刻	国	材料	指標ランク	市場予想値	前回発表値
06:45	NZ	NZ）住宅建設許可	△	―	+8.7%
09:30	豪	豪）貿易収支 →過去発表時［豪ドル円］	◎	+75.00億	+71.29億
14:00	日	日）景気先行CI指数【速報値】	×	107.9	108.9
		↑・景気一致CI指数【速報値】		114.5	115.9
18:00	欧	欧）ECB月例報告	△	―	―
20:00	南ア	南ア）製造業生産 ［前月比／前年比］	×	+0.7%	−0.2%
				+1.5%	+2.1%
22:30	米	米）新規失業保険申請件数 →過去発表時［ユーロドル］［ドル円］	A	21.0万件	20.2万件
	米	米）消費者物価指数 ［前月比／前年比］ →過去発表時［ユーロドル］［ドル円］	SS	+0.2%	+0.1%
				+3.2%	+3.1%
		↑・消費者物価指数【コア】 ［前月比／前年比］		+0.3%	+0.3%
				+3.8%	+4.0%
24:30	米	米）週間天然ガス貯蔵量	B	―	−14
26:40	米	米）バーキン：リッチモンド連銀総裁の発言（投票権あり）	AA	要人発言	
27:00	米	米）30年債入札 →過去発表時［ユーロドル］［ドル円］	AA	210億ドル	
28:00	米	米）財政収支 →過去発表時［ユーロドル］［ドル円］	C	−653億	−3140億

羊飼いのFXブログより

経済指標の影響が大きいかどうかの判断基準は証券会社などが毎日の発表時間などと共にサイトにアップしてくれていますので、そこで確認しておきましょう。羊飼いさんのブログやアプリでは要人発言の時間なども細かく書いてありますのでどこを見ていいのか分からないという方は参考にしてみてください（左ページ図2-34参照）。

　表の見方などはサイトに書かれていますのでそちらで確認してください。
　経済指標には予想値というものがあり、この数字はすでに相場の値動きに織り込まれています。織り込まれているというのは、今の相場がその経済指標の予想値で形成されているということです。例えばインフレが止まっていないので次回のFOMC（米政策金利決定会合）で金利が引き上げられるかもしれないと予想されたら、その時点でドルが買われていきます。実際に金利が上がったタイミングでは新しくドルを買う人はほとんどいないということも多いです。このような状態を相場に織り込まれていることから「織り込み済み」と言います。ドルが買われるような数字が出たからと言ってドルが買われるわけではありません。

　大きく動くかどうかは、その経済指標そのものの注目度と織り込まれている予想値との乖離がどのぐらいあるのかで決まります。

　アメリカ雇用統計などは代表的な経済指標と言えます。そして政策金利、これも相場を動かす大きな要因になります。

　次ページ図2-35は2023年12月にアメリカでFOMCが政策金利を発表した場面です。このように相場が一気に動いてくることも当たり前にありますので、発表の直前にエントリーチャンスがあったとしても見送るべきです。

図2-35　ドル／円　12月14日

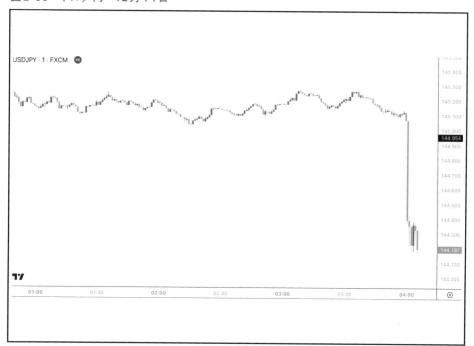

図2-36

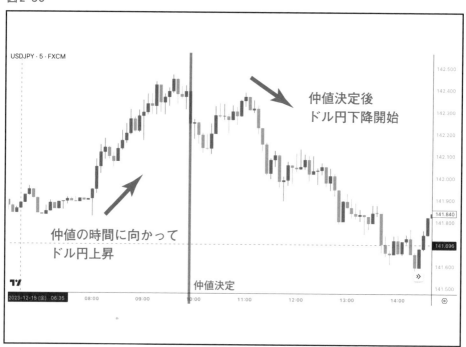

図2-37

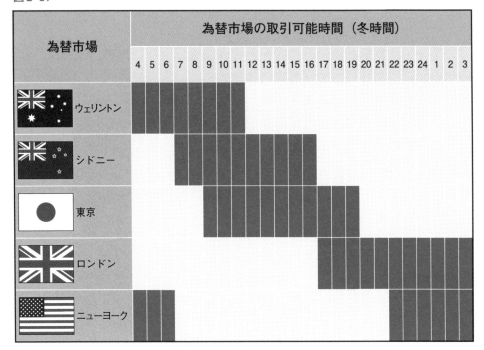

為替市場	為替市場の取引可能時間（冬時間）

為替市場	4	5	6	7	8	9	10	11	12	13	14	15	16	17	18	19	20	21	22	23	24	1	2	3
ウェリントン		■	■	■	■	■	■	■																
シドニー				■	■	■	■	■	■	■	■	■	■											
東京						■	■	■	■	■	■	■	■	■	■	■								
ロンドン														■	■	■	■	■	■	■	■	■	■	■
ニューヨーク		■	■	■															■	■	■	■	■	■

ゴトー日とロンフィク

　ゴトー日というのは毎月5日、10日、15日、20日、25日、30日のように5と0の付く日を言い、休日の時は前営業日になります。企業の決済が多くなるため、実需のドル買いが特に多くなる傾向があると言われています。「仲値」というのはその日銀行が発表する為替レートで9時55分に決まります。左ページ図2-36の具体例に示したように、そこに向かってドル円であれば上昇していき、仲値が決まったらドル円は下降していく流れがセオリーです。こういった時は逆張りなどはせずに順張りでついていきましょう。「ロンフィク（ロンドンフィキシング）」は東京仲値のロンドン版です。特に月末は注意が必要。ロンフィクは日本時間25時（夏時間は同24時）です。

ボラ（ボラティリティ＝価格変動）がない時間

　大きく動く市場には注意をしなければいけませんが、市場に人がいない時間も避けていきましょう。市場が動いている時間帯は欧米では夜なのでボラが少ないと言われています。

　各市場の時間は前ページ図2-37のようになっています。3大市場と言われているのが東京・ロンドン・ニューヨークです。日本時間の深夜帯から早朝にかけては各証券会社のスプレッドも開いているのでエントリーは避けましょう。

各市場が開く時間

　各市場が開く時間にも注意が必要です。特に注意が必要なのがロンドンです。ここで注意して欲しいのが市場には夏時間と冬時間というものがあります。基本的には3月から11月が夏時間で、11月から3月が冬時間になります（前ページ図2-37参照）。3月と11月のどこで入れ替わるかは年によって違いますので、今年はいつ切り替わるのかは確認するようにしましょう。経済指標の発表時間も1時間ずれるので注意。

　冬時間であれば17時（夏時間では16時）にロンドンのマーケットが開きます。この前後はボラも高まりますので、一気に動くことも普通にあります。特に東京時間での値動きを否定してトレンドをいきなり変えてくることもあるので注意しましょう。

　補足としてアーリーロンドンという言葉があります。本来冬時間なら17時からロンドンマーケットが開きますが、そこから1時間ほど早い16時頃から大きく動き始めることがあります。そういった動きもありますので、冬時間は16時から、夏時間は15時からの動きには注意しましょう。

　もしロンドン勢が作った流れがある時は逆らわないように逆張りではなくロンドン勢が作った流れに順張りで入れるところを探しましょう。

「移動平均線」でエントリーの根拠をもう1つ増やす

移動平均線でトレンドを掴む

「押し安値の場所に自信が持てない」「押し安値・戻り高値からエントリーポイントを探せない」「探してもうまく勝ちにつながらない」という人もいるかと思います。クロユキは押し安値・戻り高値にとどまらず、相場のトレンドを掴むツールとしても使っているのが移動平均線（MA）です。

移動平均線は何を使う？

移動平均線とは設定した期間の終値の平均値を結んだ線です。その中でも重要視しているのは「20SMA」（20本のローソク足の終値の単純平均値を結んだ線）と200SMAになります。

移動平均線を使ってエントリーポイントを探る

移動平均線の便利なところは、

●20SMAと200SMAの位置関係と向きで、その時間足のトレンドを大まかに判断出来ること

例えば次ページの図2-38は、ドル円の4時間足の20SMA、200SMAを使って売買の方向性を判断する具体例です。まず上位足の20SMAと200SMAの向きがそろっているかを確認します。

灰色の部分が4時間足で20SMAも200SMAも下を向いている部分になります。この部分で下位足に落としてショートを狙っていきます。

図2-38

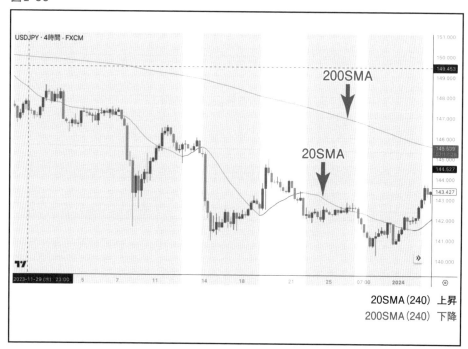

USDJPY・4時間・FXCM

200SMA

20SMA

20SMA（240） 上昇
200SMA（240） 下降

図2-39

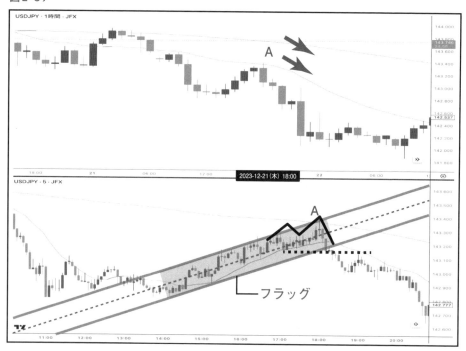

USDJPY・1時間・JFX

A

2023-12-21（木）18:00

USDJPY・5・JFX

A

フラッグ

図2-40

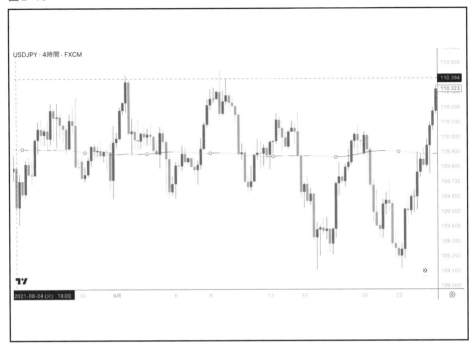

　上位足の2つのSMAで上か下かの方向性を決めて（環境認識）、執行足で調整してきたところで具体的なエントリー場所を探すという手順です。

　具体的なエントリー方法を見ていきましょう。
　左ページ図2-39（下）の5分足の上位足である図2-39（上）の1時間足と200SMA・20SMAがともに下を向いている状態。
　この状態で下位足である5分足が上がってきたところを売れないかどうか見ていきます。
　左ページ図2-39（下）のポイントでフラッグWの形が出てきました。このように水平線がなくても移動平均線の環境認識でエントリー場所を増やせますので、この移動平均線での環境認識も余裕が出来たら是非取り入れてみてください。

方向感なしや逆行など売買判断しづらい場面

　基本は上位足の移動平均線の向きを見て、「上位足に対して順張り」であることを確認したうえでのトレードになります。

　そのため、上位足の200SMAに方向性がなく、明確なトレンドが出ていない時はやりにくくなります（前ページ図2-40の例）。

移動平均線は支持帯・抵抗帯になる

　移動平均線は支持帯・抵抗帯にもなります。特に200SMAは多くのトレーダーが意識しているので、他の手法を使う時も各時間足の200SMAを表示して、そこでの下げ止まり、上げ止まりを別の観点からのエントリー根拠の1つとして活用しましょう（図2-41参照）。

　移動平均線は単純移動平均線のSMA以外にも色々な種類があります。SMA以外に利用者が多いのがEMA（指数平滑移動平均線）です。ここでは詳しく説明しませんが興味のある方は調べてみてください。移動平均線を使う時にはSMAなのかEMAなのかで分かれますが、これに関してはどちらでも構いません。どちらかが優れているとかではなく、自分に合う方を使えば大丈夫です。

世界の
為替市場の
動きも知っておこう。

図2-41

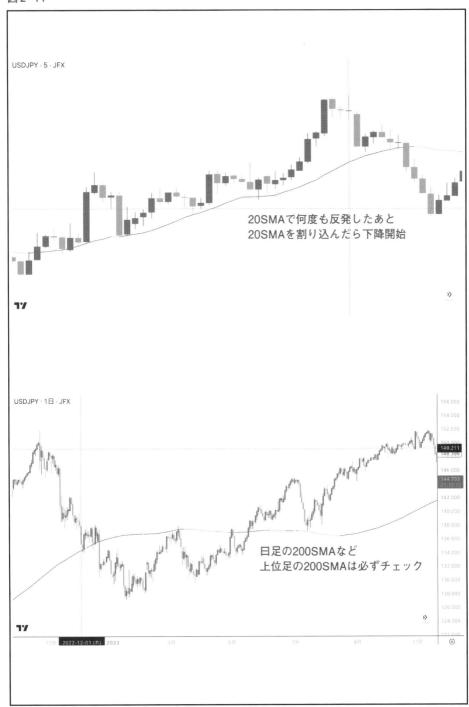

USDJPY · 5 · JFX

20SMAで何度も反発したあと
20SMAを割り込んだら下降開始

USDJPY · 1日 · JFX

日足の200SMAなど
上位足の200SMAは必ずチェック

エリオット波動は
見方が難しく、初心者には
難しいかもしれません。
これを今すぐに使うということではなく、
こんな見方をしているトレーダーが
大勢いるということだけは
覚えておいてね。

ダマシを回避して チャートの「W」を 黄金シグナルに 変えるには?

Wトップ・Wボトム見極めの コツを掴もう!

　本章で紹介するクロユキ式手法第2弾「WW手法」を解説する前に、Wトップ・Wボトムについてさらに詳しく解説しておきたいと思います。「FXでなかなか稼げない」という人に「ここを狙って!」と言いたいシグナルが、Wトップ・Wボトムです。

●Wトップは上昇を続けてきた為替レートが2度高値をつけたあと、その途中につけた中間安値（ネックライン）を割り込んだら完成
●Wボトムは下降を続けてきた為替レートが2度安値をつけたあと、中間高値（ネックライン）を超えたら完成

　Wトップは上昇トレンドが天井をつけて下降トレンドに転換するシグナル、Wボトムは下降トレンドが大底をつけて上昇トレンドに転換するシグナルと言われています。
　しかし、Wトップ・Wボトムはトレンド転換の場面以外にも頻出します。WW手法で狙っていくのは、トレンド転換というより、トレンド相場がいったん調整したあと再加速する際の押し目買い・戻り売りの場面です。

Wトップ・Wボトムは至るところにある

　実際、Wトップ・Wボトムはチャート上の至るところに潜んでいます。「Wトップ・Wボトムといえばトレンド転換」とすぐに結びつけがちですが、上昇トレンド継続中にWトップが出現して「トレンド転換か」と思ったら、その後、再び上昇に転じてWトップがダマシに終わることも頻出します。
　この場合、Wトップのダマシが結果的にWボトムに早変わりして上昇トレンド継続の強いシグナルになります。反対にWボトムのダマシがWトッ

図3-1　Wトップ・Wボトムのさまざまなパターン

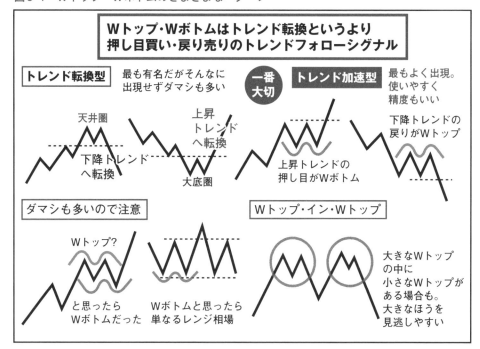

プになって下降トレンド継続の強いシグナルになったりもします。最も狙いたいのは、次の2つです。

● **上昇トレンド継続中の調整（押し目）がWボトムの形**
● **下降トレンド継続中の調整（戻り）がWトップの形**
　になっている押し目買い・戻り売りパターン

　図3-1にさまざまなWトップ・Wボトムのパターンを示しました。実際のチャートを見れば、小刻みな値動きの中に数多く発見出来るはずです。中にはWトップとWボトムが交互に出現して全体として見たらレンジ相場だったり、小さなWトップがたくさんあるなと思ってよく見たら、よりワイドな「でかいWトップ」が形成されていた、という例もあります。

山の高さ、谷の深さも色々ある

教科書通りに言うと、Wトップは同じ高値を2度つけて下げる形になります。しかし、実際に「W」を逆さにしたような、きれいなWトップや「W」の文字そのものと思えるようなきれいなWボトムが出ることはそんなに多くはありません。

Wトップの場合は、右山の高値が左山の高値より高かったり低かったり、2度の高値水準がそろっていない場合もあれば、右山の高値の中に小さな、もう1つのミニWトップが隠れていたり、高値圏でレンジ相場を形成していて、目立つ最高値（トップ）が見つけにくかったり、さまざまな形があります。

そうした"崩れた形"も含めて、あとで紹介するマイルールに適合したもの全てをWトップ・Wボトムと見なします。当然、相場の天井圏・大底圏に出ていないとダメという見方もあるかもしれません。しかし、同じようなレートで2度、高値をつけて上昇の勢いが止まったというのがWトップの本質です。2度トライしても失敗したことで、高値更新の勢いが止まったから「次は下にいく！」と思える値動きがWトップなのです。

エントリーポイントは2つある！

大事なのは実際に活用して、利益を上げることです。つまり、Wトップ・Wボトムの値動きの中の、どのポイントでエントリーするかが重要になります。

FXの教科書的にはWトップの場合、**2度高値をつけたあとに中間安値（ネックライン）をブレイクしてショートエントリー**、という「ブレイクパターン」のエントリー方法が一般的です。

しかし、それ以上に精度が高いのが**Wトップが完成して下落後にネックラインまでいったん上昇して再び下落に転じる反転パターン**です（図3-2

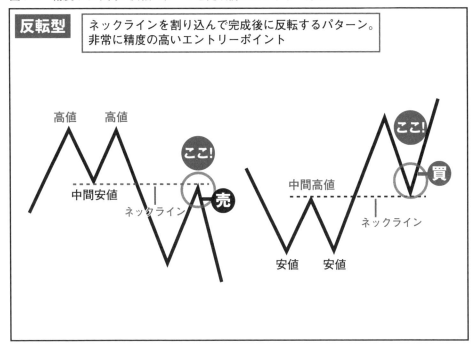

図3-2　精度がより高い反転パターンと完成前のエントリー方法

反転型　ネックラインを割り込んで完成後に反転するパターン。非常に精度の高いエントリーポイント

参照)。

　ネックラインが支持帯から抵抗帯に変化したことを確かめたうえで再び下落するパターンになります。「ネックラインまで戻ってきた一発目は絶対に狙ってほしいところ」とYouTubeのLive配信でも常々言っています。

　反転パターンの場合、ネックラインを再び超えて上がってしまったら損切り、一方、利確目標は直近安値やWトップの値幅分さらに下がったところなどになるため、リスクリワードの良いトレードが出来ます。

　その点、Wトップのネックラインをブレイクしたところでエントリーする「教科書的なパターン」では、損切りのポイントがWトップの高値になってしまいますので、どうしても損切りまでの値幅が深くなってしまいます。

図3-3　Wトップ・Wボトムを補強する別の売買根拠・具体例

❶前の高値ラインと重なっていて反発が起きそう

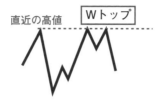

直近の高値　　　Wトップ

❷大きなWトップの中に小さなWトップがある

小さな
Wトップ

❸平行チャネルで反対方向の勢いが失われている

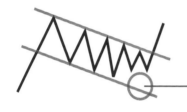

平行チャネルの下限まで落ちず
Wボトム形成後にネックライン&
チャネル上限をブレイクetc.

❹ネックラインが上位足の重要水平線と重なっている

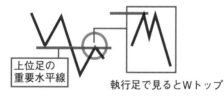

上位足の
重要水平線

執行足で見るとWトップ

❺2度目の山・谷が長いヒゲで返された

第2高値が長い上ヒゲで
Wトップ形成

第2安値が長い下ヒゲで
Wボトム形成

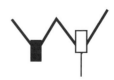

使うべきタイミングをしっかり把握しておく

　Wトップ・Wボトムでのエントリー精度を高めるためにはもう1つエントリー根拠が必要になります。使うべきタイミングが重要です。左ページ図3-3にまとめたので参考にしてください。

① 　直近の高値付近でWトップを形成。
② 　大きなWトップの中に小さなWトップが潜んでいる。
③ 　平行チャネルで反対方向の勢いが失われている。例えば、平行チャネル内の下限ラインまでいったん下がって戻ったあと、次は下限ラインまで落ちずにWボトムの形を作って反転上昇。ついには平行チャネルの上限ラインを超えた場合などが下げの勢いが弱い根拠になります。
④ 　頂上が重要水平線と重なっているWトップの先端を、上位足で見て過去に重要な高値・安値が集まる水平線上だった場合、エントリー根拠も非常に確かなものになります。
⑤ 　2度目の山・谷が長いヒゲで返されたWトップ・Wボトム。右山の第2高値・安値が左山の第1高値・安値を一気に更新したものの、急激に失速して、長い上ヒゲ・下ヒゲで返されたパターンなど。

勝率8割も夢ではない「WW手法」の手順

　それではWトップ・Wボトムをエントリー根拠に使った「WW手法」を解説します。

　この手法はクロユキがYouTube動画の配信とは別に行っているリアルセミナーで紹介し、多くのセミナー受講生の方が「おかげで勝てるようになりました」「ルールが明確で初心者の自分でもエントリーしやすかった」と大好評の手法です。基本は上位足に対して順張りの場面で執行足のチ

図3-4　Wトップ完成前のエントリー方法のイメージ図

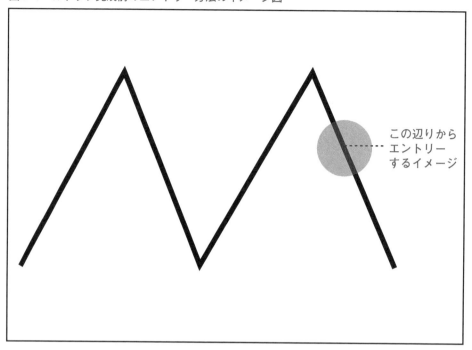

この辺りから
エントリー
するイメージ

ャート上にWトップ・Wボトムが出現するかもしれない時（＝2度、高値
や安値をつけて反転し始めた時。この時はまだWトップ・Wボトムの右側
を形成中）、ネックライン（中間安値）を超える前に早めにエントリーを
する手法になります（図3-4参照）。

　まずは上位足のトレンドを確認（環境認識）して、上位足で重要な高
値・安値などに水平線を引きます。
　上位足から見て2つ下の執行足に移り、先ほど引いた上位足の重要水平
線近辺にWトップ・Wボトムを探しにいきます。
　上位足が上昇トレンドなら執行足上でWボトム、上位足が下降トレンド
なら執行足上でWトップを探します。
　エントリー方向は上位足に対して順張りが基本ということです。

　4時間足の下降トレンドが一時的な調整で上昇したものの、15分足で上

昇が失速。再び4時間足の下降トレンドに回帰していくといった流れに乗ったトレードになります。単純な戻り売りではなく、Wトップという「2度高値にトライして跳ね返された」というエントリー根拠も新たに付け加わったことで高精度のエントリーが出来るわけです。

Wトップの左山を形成するまでの時間

　Wトップといっても、15分足で数日かけて非常に大きな山を形成することもあれば、ローソク足数本、時間にして1～2時間程度で2つの高値をつけ短期間で落ちていくケースもあります。どれぐらいの大きさの山や時間の長さのWトップを狙うかを、WW手法では厳密に決めています。

　15分足のWトップの左山1つ分が、**ローソク足20本以上100本以下のWトップを狙っていきます。**

　それ以下の少ない本数の場合は時間足を下げて見てみましょう。逆に1つ目の山の形成に100本以上かかってしまうと、順張りという上位足のトレンドが変化している可能性も高いので、もし100本を超えてもエントリーをしたい場合はより上の時間足のトレンドの方向も確認してください（本数が増えすぎても徐々に勝率が低下します。それでも狙ってはいけないと言うわけではありません）。

　そこで、左の山がローソク足20本から100本までという時間的な区切りを設けました。この本数は執行足が1分足や5分足でも同じです。

Wトップの右山の高値の許容範囲

　Wトップは2つの高値が同じレート帯でピッタリそろっていないことのほうが多いぐらいです。そのため、2つの高値の差（山の高さや長さの違い）をどこまで許容して、「これはWトップだ」と"認定"するかについても、基準を厳密に持っておかないと、実戦で使いこなすことが出来ません。

　では、Wトップの2つの高値の格差をどこまで許容するのか。WW手法で

図3-5　WW手法のWトップの許容範囲

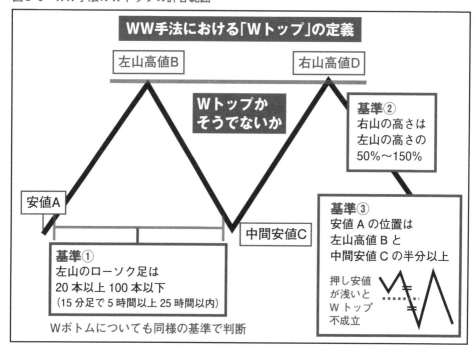

WW手法における「Wトップ」の定義

左山高値B　　　　　右山高値D

Wトップか
そうでないか

基準②
右山の高さは
左山の高さの
50%〜150%

安値A

基準③
安値Aの位置は
左山高値Bと
中間安値Cの半分以上

中間安値C

基準①
左山のローソク足は
20本以上100本以下
（15分足で5時間以上25時間以内）

押し安値
が浅いと
Wトップ
不成立

Wボトムについても同様の基準で判断

は、ネックラインから見て左山の高値に対して、右山の高値が、**50%〜150%
の間にあればWトップと見なすというルールにしています。左山の高さに対
して右山がプラスマイナス50%までは許容するということです**（図3-5参照）。

　ネックライン（中間安値C）から見て、Wトップの左山第1高値までの値
幅が100pipsとすると、右山に関してはネックライン（中間安値C）から
50pips〜150pips、上昇して高値（D）を形成すれば、Wトップと見なします。
　右山の値幅がそれよりも大きい時や小さい時は狙いません。「Wトップ
を狙う」というのがメインの手法である以上、「どこまでがWトップなの
か」という明確な定義がなければ使いこなすことが出来ません。
　Wトップの山にあるローソク足の本数や高値と安値間の値幅（pips数）
などは、TradingViewのチャートの左側のボックスにあるツール「ものさ
し」や「測定（日付と価格範囲）」を使うと簡単に計測出来ます（2024年
2月末現在）。

図3-6

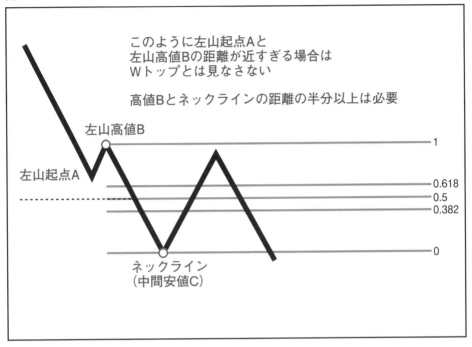

このように左山起点Aと
左山高値Bの距離が近すぎる場合は
Wトップとは見なさない

高値Bとネックラインの距離の半分以上は必要

左山高値B

左山起点A

1

0.618
0.5
0.382

0

ネックライン
(中間安値C)

Wトップの第1高値の起点となった安値に注目

　高値だけでなく、Wトップの左山が形成され、上昇が再開して「これは
Wトップになるんじゃないか」という段階における、左山の起点部分とネ
ックラインになるかもしれない中間安値Cの位置関係についても、以下の
ルールを設定しています（図3-6参照）。

●左山の起点は高値とネックラインの値幅の半分以上必要
　左山の起点部分（A）とその後の高値（B）の間の値幅があまりに小さ
くて、左山高値Bと（ネックライン）中間安値（C）の距離の半分未満と
浅い場合はWトップとは見なさない、という基準になります。

　ただこのルールを理解しても左山起点Aの部分で迷うトレーダーが出て

図3-7

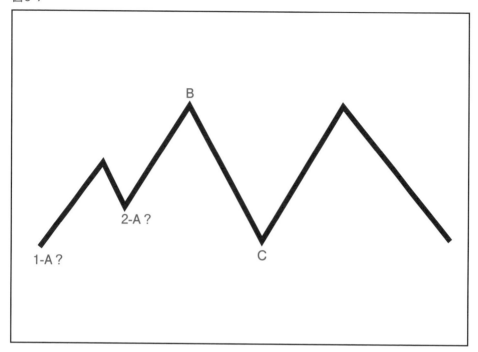

きます。

　例えば図3-7のようなWトップがあり、ネックラインがCの場合、起点となる安値のA地点を1-Aで見るのか2-Aで見るのかなど判断が分かれます。最初は出来る限り、ネックラインのレートに近い地点をAと考えてください。この場合であれば2-Aではなく、1-Aの位置に左山の起点を持っていきましょう。ただし1-Aと2-Aの位置が大きく離れている場合は2-Aで見ても大丈夫です。

左山の形成時間の半分以上が経過後にエントリー

　実際にエントリーを狙う際は、Wトップ形成の時間経過にも注意を払います。ショートエントリーを狙うのは左山の押し安値A→第1高値B→中間安値Cの形成にかかった時間の半分以上が経過したあと。

図3-8

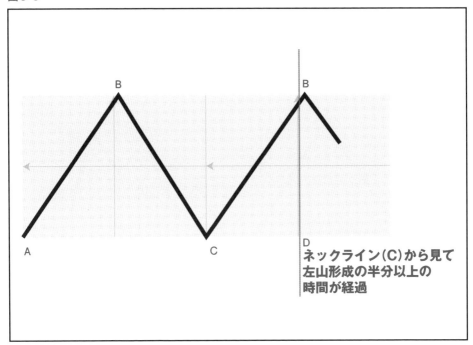

ネックライン（C）から見て
左山形成の半分以上の
時間が経過

　例えば、左山を作るのに10時間かかったら、次の右山形成が始まって5時間以上経ったあとでないとエントリーを狙わないことになります。この時間経過も重要で、左山形成にかかった時間の半分未満の段階であまりに早くエントリーしてしまうと、再び上昇して損切りというケースも多くなってしまいます。少なくとも左山形成に要した時間の半分程度が経過するまでは待つことが必要になります（図3-8参照）。

右山でのミニWトップ形成もエントリー条件

　Wトップが実際に完成する前に早仕掛けするのがWW手法になります。仕掛けにはトレンドラインブレイクを利用します。
　このトレンドラインについてもエントリーの基準があります。
●中間安値C（ネックライン）から右山の高値（D）までの上昇の値動きの安値を結んで引いたトレンドラインが「3点以上反応」していること

図3-9

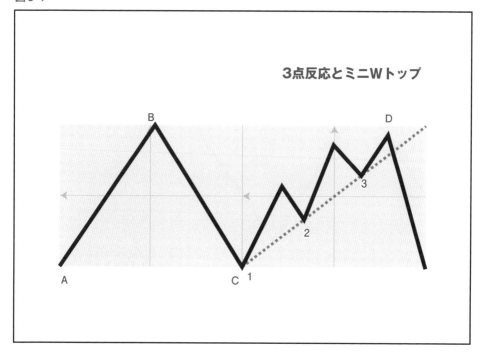

3点反応とミニWトップ

　これは、中間安値C（ネックライン）と次の安値を結んだトレンドラインに再び安値がタッチすることを意味しています。トレンドライン上に安値が3回タッチする（3点反応する）のを待って、初めてショートエントリー可能というルールになります（図3-9参照）。

　この3点反応を待って、さらにそこに小さなWトップが出現するのを待ちます。すなわち、全体として大きなWトップを形成しながら、ミニWトップが右山内部に出来ている形になります。

●3点反応トレンドラインと右山だけでミニWトップが形成されたことを確認。その後、右山のミニWトップのネックラインと3点反応しているトレンドラインの両方を割り込んだらショートエントリー

　エントリーのトリガーはトレンドラインとミニWトップ（ミニWボト

図3-10

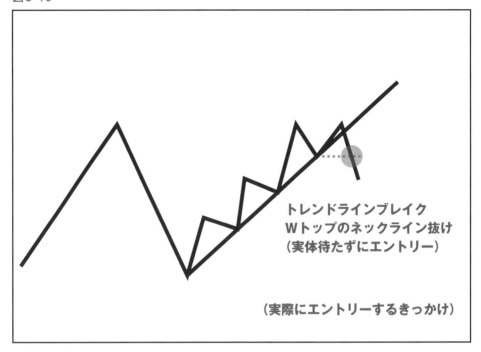

トレンドラインブレイク
Wトップのネックライン抜け
（実体待たずにエントリー）

（実際にエントリーするきっかけ）

ム）のネックを抜けること。

　この2つの条件が成立したらエントリー可能と判断します（図3-10参照）。

　以前は実体確定で抜けなければいけないルールでやっていましたが、より分かりやすくするために、両方抜けた時点でエントリー出来ると判断します。実際に自分で経験を積んだあとは、自分のやりやすいトリガーを選んでみてください。

　なぜ右山のミニWトップにこだわるかというと、**もうこれ以上、上にはいかない確率をさらにアップさせる**ためです。このルールを設けることで高い勝率を実現し、セミナー受講生の中には2年以上、この手法だけで勝ち続けている人もいるぐらいです。ミニWトップは出来る限り、執行足で確認が出来るものが理想です。1つ下の足に落として確認出来ればエントリーしても構いませんが、優位性は落ちますので注意が必要です。この時

図3-11

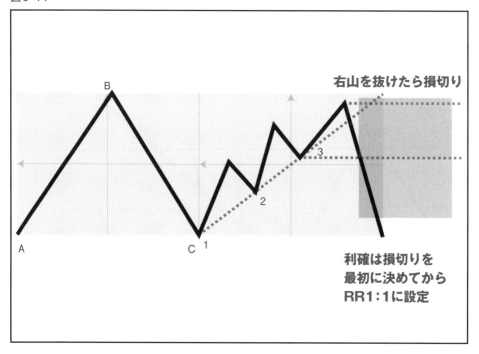

のミニWトップには本数などの厳格なルールはありません。

エントリー後の決済のポイントは次のように設定

●Wトップの右山を超えたら損切り
●エントリーラインから損切りラインまでの値幅と同じだけの下落で利確
●RRを1：1に設定（図3-11参照）

エントリー見送りルール

　左山形成分の時間が経過してもエントリー出来る状態でなければ、そのWトップでのエントリーは見送りましょう（図3-12参照）。

図3-12

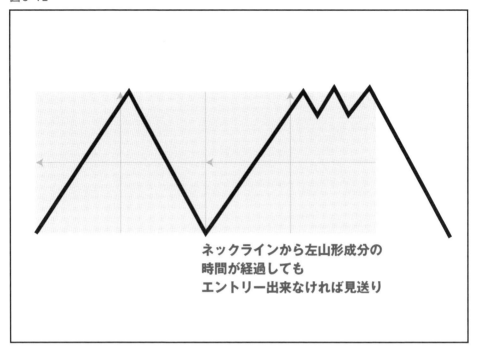

**ネックラインから左山形成分の
時間が経過しても
エントリー出来なければ見送り**

建値撤退ルール

　利確にしろ損切りにしろすぐに動いてくれればいいのですが、そこから全く動かずに時間だけが過ぎていって、大きな指標発表の時間になってしまうなんてこともあります。その際には建値に戻ってきたら撤退するというルールで臨みます。

　それは左山の形成にかかった時間の2.5倍の時間が経過したら建値に指値を入れておきましょう（次ページ図3-13）。もちろん自信があればそのまま持ち続けても問題ありませんが、NY時間などでは大きな指標発表もありますので、慣れないうちは一度仕切り直して次のエントリー準備をしていきましょう。

　TrendingViewなどのツールを使って左山をボックスで囲ってしまえば、

図 3-13

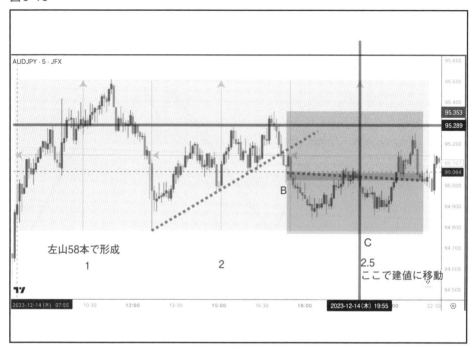

そのボックスをコピーするだけで右山の時間経過を判断出来ます。この手
法はすぐに落ちていきやすいところでエントリーをしているので、時間が
経ってもなかなか下がらないようであれば一度撤退しておきましょう。

WW手法の具体例・クロユキの実戦成功例と失敗例

　ここからは実際の値動きを使って、具体的にどこでどう入るかを解説し
ていきましょう。まずは僕自身の成功例から見ていきます（図3-14参照）。

　図3-14上の4時間足のトレンドは下降トレンドなので反転ゾーンでの戻
り売りを狙っている状況です。そして再度戻り高値付近まで上げてきまし
た。Wトップを形成しそうだったのでエントリーの準備をします。

　図3-14下（上図の値動きを拡大表示）の15分足上の1の部分がネックラ

図3-14

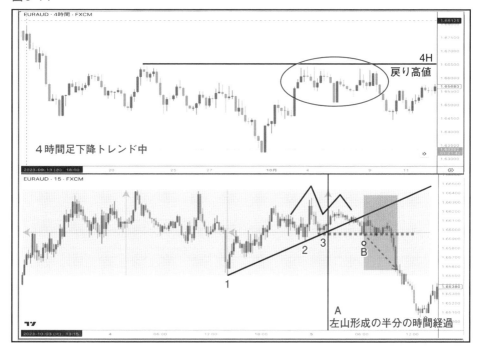

インになる可能性を考えて左山を確定させます。この時の左山は15分足で97本です。そこから半分以上の時間49本経ってからトレンドラインが3点で引けるのか確認していきます。

　そうするときれいに3点反応したトレンドラインを引くことが出来ました。この時点であとはミニWトップを形成してくれればエントリー可能になります。

　その後ミニWトップを形成してBの部分でミニWトップのネックラインを割れてきたのでエントリー。損切りは右山高値で利確はRR1：1になります。

　次は次ページの図3-15の1時間足と5分足のセットになります。

　1時間足は下降トレンドなので、執行足である5分足でWトップを探しにいきます。1時間足上の目立つ安値Aにはね返されて下落しWトップを

図3-15　ユーロ／円

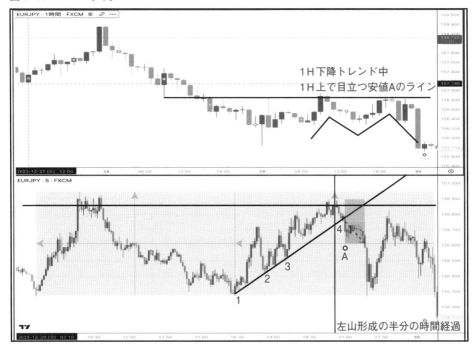

形成しそうだったのでエントリー準備へ。

　左山形成の半分の時間が経過したのでトレンドラインが引けるか確認します。すると今回は4点反応のトレンドラインが引けました。あとはWトップを形成して落ちてくれればエントリー可能です。5分足上のAのポイントで割れたのでショートエントリー。

　押し戻り手法との違いはWW手法は波を意識する必要がないことです。フィボナッチリトレースメントでの返しを見なくてもいいので、とにかくWトップ・Wボトムを見つけることに集中してください。

　ミニWトップ（ボトム）はトレンドライン付近で出来るのがベスト（図3-16参照）で、Wトップ（ボトム）が離れれば離れるほど波による3点反応の確認は重要になります（図3-17参照）。

図3-16

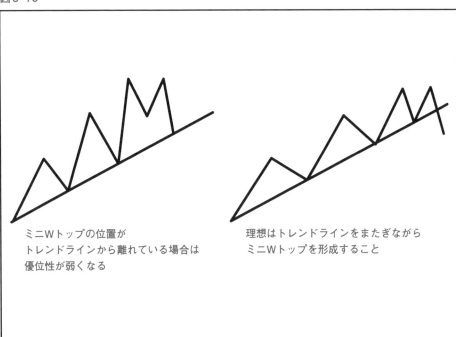

ミニWトップの位置が
トレンドラインから離れている場合は
優位性が弱くなる

理想はトレンドラインをまたぎながら
ミニWトップを形成すること

図3-17

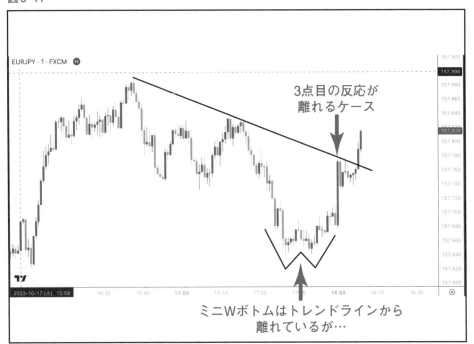

3点目の反応が
離れるケース

ミニWボトムはトレンドラインから
離れているが…

図3-18

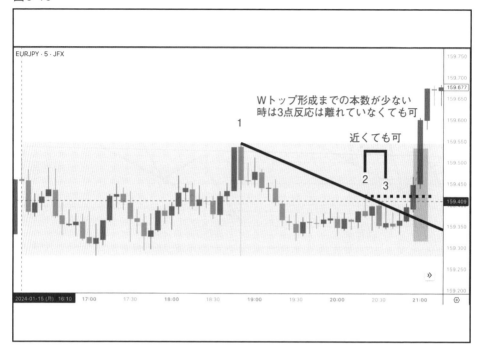

Wトップ形成までの本数が少ない
時は3点反応は離れていなくても可

近くても可

　Wトップの本数がそこまで多くない時は、1点目、2点目、3点目が離れていて確認が難しいこともあります。本数が少ない時は仕方ありませんが（図3-18参照）、出来る限り2点目と3点目の反応が離れたところで確認できてからエントリーするという基本はくれぐれも忘れないようにしましょう。

　図3-19のような形が出たら優位性がさらにアップします。右谷のミニWボトムが左谷の中の目立つ高値（Bの延長線上）で反発しているチャート。このパターンは非常に優位性が高いので見つけたら必ず狙っていきましょう。

　図3-20では上位足が上昇トレンドで目立つ高値まで落ちてWボトムをつけて上げていこうかというところ。ほぼ含み益を見ることなく負けてしまうトレード。ミニWボトムの形が悪いですが、このぐらいであればまだ優位性があります。ただ慣れるまではもっと形の良いミニWボトムだけを

図3-19

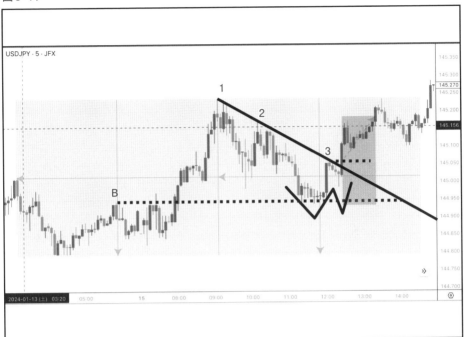

図3-20

図3-21

狙いにいっても大丈夫です。

　繰り返しになりますが、勝ちを重ねるためにはルールに従ったうえで負けるところはしっかり負ける必要があります。トータルで勝つためにルール通りの負けを積み重ねることも必要です。

逆張り

　ここまで一貫して上位足に対しては順張りで流れに乗ると解説してきました。しかしこのWW手法は逆張りでも使うことが出来ます。ただこれを忘れないでください。

まずは順張りで勝てるようになってから。

　逆張りになると難易度が一気に上がります。なぜなら今までは上位足が上昇トレンドであればWボトムを探すだけで良かったのです。しかし逆張りではどの時間でもWトップ・Wボトムの両方を探していいことになりま

す。やってみれば分かりますが、目線を固定しないと本当に混乱します。まずは順張りだけで結果を出していきましょう。

　ただし、そんな逆張りの中でも**ここは狙って欲しい**という場面があります。それは**サードアタックの失敗**です。

　左ページ図3-21の例のように、水平線で3回目のアタックでも超えられなかった時は、反転エントリーを狙っていきましょう。このような相場は注意深く監視していれば意外にも数多く発見することが出来ます。最初は上位足から始めて、慣れてきたら下位足でも見つけられるようにしていきましょう。

　では最後にまとめます。

WW手法手順（4時間足上昇トレンド中）

1　4時間足で上昇トレンドを確認
2　日足・4時間足・1時間足で抵抗帯に水平線を引く
3　15分足に落として2で引いたライン付近でWボトムを探しにいく
4　左谷を形成して右谷の形成に入ったら半分の時間が過ぎるのを待つ
5　半分の時間が経過して
　　3点反応トレンドラインブレイク
　　ミニWボトムのネックライン抜けでロングエントリー
6　損切りは右谷の安値
　　利確は損切りからRR1：1

他の時間足は時間を変更してください

WW手法手順（15分足下降トレンド中）

1　15分足で下降トレンドを確認
2　1時間足・15分足・5分足で支持帯に水平線を引く
3　1分足に落として2で引いたライン付近でWトップを探しにいく
4　左山を形成して右山の形成に入ったら半分の時間が過ぎるのを待つ
5　半分の時間が経過して
　　3点反応トレンドラインブレイク
　　ミニWトップのネックライン抜けでショートエントリー
6　損切りは右山の高値
　　利確は損切りからRR1：1

他の時間足は時間を変更してください

ここまで紹介した**押し戻り手法**と**WW手法**をメインにして相場を攻略していってください。本書を読んでそのまま勝てるようになったのであれば幸いです。もし分からないなと感じたら、リアルタイムでのエントリーや、当日どこが入り場だったのかなどはLiveを見にきてください。
　押し戻り手法（Live手法）とWW手法（セミナー手法）で相場を攻略していけるのを僕のLiveを通して実感してもらえると思います。

　本書を繰り返し読んで、リアルタイムの相場でやってみる。うまくいったところやうまくいかなかったところのフィードバックをLiveでやっていく。繰り返し読んでも実際に負けてしまうと、本当に自分の見方が合っているのか不安になるかと思います。もしそういった状況になったらLiveで悩みを解決してください。

　そのように本書を使ってもらえればと思います。繰り返しになりますが押し戻り手法（Live手法）もWW手法（セミナー手法）も特別なオリジナルインジケーターなどはなくとも、備え付けられているインジケーターだけでやっていける手法です。
　まずは王道とも言えるこの押し目買い・戻り売りで勝てるトレーダーになってから、色々な手法を使えるようにしていきましょう。

　WW手法を見れば分かりますが、人によってはこれほどまでにルールを決めているのかと感じたと思います。ルールを厳密にしすぎるのも問題ですが、ある程度は必要になります。それはなぜかというと『再現性』を維持するためです。裁量の部分が多くなればなるほど、トレードごとの再現性は低くなります。**幅を持たせるところとしっかりルールで縛るところ。このバランスが大事なのです。**

手法を安定させる PIVOT（ピボット）はココに注意!

PIVOTで支持帯・抵抗帯が分かる

「PIVOT（ピボット）」は日本語で「転換点」を意味する英語です。水平線をトレードで使っているトレーダーは値動きの支持帯・抵抗帯のガイド役に使ってもらえるとトレード精度が上がります。

　PIVOTはインジケーターを導入すれば自動的にラインが引かれますので、計算方法などを覚えておく必要はありません。覚えていてもいなくてもトレードで使う方法は同じです。

●P＝基準線

●R1＝上値にある最初の抵抗帯

●R2＝上値にある第2の抵抗帯

●R3＝さらにその上値にある抵抗帯。ここを超えたら前日の値動きの影響がなくなり、上に向かって新たなトレンドが生まれたと判断する

●SI＝下値にある最初の支持帯

●S2＝下値にある第2の支持帯

●S3＝さらにその下値にある支持帯。ここを超えたら下に向かう新たなトレンドが生まれたと判断する

　PIVOTには期間の設定があります。僕は15分足以下の足にDaily（1日

図3-22

の値動き）、1時間足にWeekly（1週間の値動き）、4時間足にMonthly（1カ月の値動き）、日足にYearly（1年間の値動き）のPIVOTを表示させています。

PIVOTライン上ではサポレジ転換がよく起こる

PIVOTを使うのは、その時間足で支持帯・抵抗帯になるレートはどこかを知りたいだけですので、支持帯はS1、S2、S3、抵抗帯はR1、R2、R3を表示しています。R4などもありますが、僕はS3とR3まで表示しています。

これらのPIVOTラインを見る時は、

●反転（レジスタンスサポート）ラインとして考える

図3-23

●ゾーンで見る（ピッタリ反応するわけではない）

　という2点を意識してください。左ページ図3-22はDaily（1日）の
PIVOTラインをドル円の15分足に表示させたもの。

　15分足の値動きにとって、
●PIVOTが「下に行かせないぞ」という支持帯や「上に行かせないぞ」
という抵抗帯として機能しやすい
●逆に、いったんPIVOTラインを抜けたあとは抵抗帯だったラインが支
持帯になったり、その逆になったり、レジスタンスサポート転換が起こる
（「レジサポ転換」と呼ぶ）。
　図3-23のAとBのポイントでは下に行かせないサポートとして機能して、
Cのところではレジスタンスとして機能しています。

図3-24

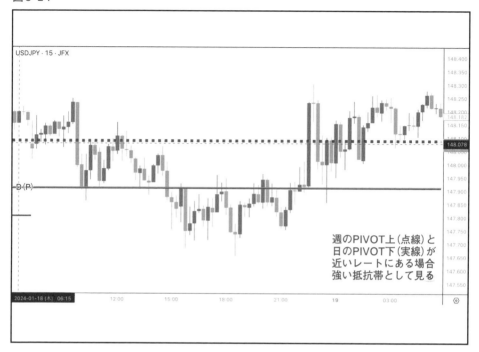

週のPIVOT上（点線）と
日のPIVOT下（実線）が
近いレートにある場合
強い抵抗帯として見る

　PIVOTラインを表示する理由は、多くの投資家がPIVOTラインを見ているので支持帯・抵抗帯として利きやすい（機能しやすい）からです。

　意識されなかったラインに関しては優先度を下げても構いません。週間や月間・年間のPIVOTラインも使い方は変わりません。そのライン付近が支持帯や抵抗帯になるのかどうかを見ていきます（図3-24参照）。「トレーダーたちは今、何を考えているんだろう」という想像力を働かせることが、テクニカル分析の基本です。

異なる期間のPIVOTを見る

　通常PIVOT分析では短期足チャートに前日の値動きから計算したデイリーPIVOTラインを引きます。そして15分足に対しては前日の値動きに基づくPIVOTラインを引くだけでなく、1時間足に対して前週の値動きか

ら計算したPIVOTラインを引いたり、4時間足に対して前月の値動きから
計算したPIVOTラインを引いて、支持帯や抵抗帯として機能している重
要PIVOTラインを探して執行足上に反映させましょう。

　異なる時間足のPIVOTラインが重なると、より重要な支持帯・抵抗帯
になります。

PIVOTを使うと逆張りになりやすいので注意

　先ほども見たように、PIVOTの見方の基本は、

●上からPIVOTラインに当たったら、反発を狙ってロング
●下からPIVOTラインに当たったら、反落を狙ってショート

　ですから、直近の値動きに対して逆張りのトレードを行うのが基本にな
ります。逆張りは値動きが反転する時には有効ですが、値動きの勢いがそ
のまま持続した場合は負けます。

　慣れないうちはPIVOTラインだけの根拠で逆張りトレードをしないで
ください。他の根拠も集めたうえで本当に逆張りしていいのか、と考えて
ください。あくまでPIVOTは環境認識レベルで意識すべきもの。

　PIVOTラインだけを根拠にトレードしてもなかなか成功しません。押
し安値や戻り高値、移動平均線、上位足の重要高値・安値を結んだ水平線、
トレンドラインなど、値動きの支持帯・抵抗帯となるラインはチャート上
にたくさん引けます。

　さまざまなラインを引いて囲い込んでいくことで、この先、どの方向に
値動きが向かうのか分かるようになってきます。値動きの支持帯・抵抗帯
を見つける1つの貴重な手がかりとしてPIVOTラインをぜひ活用してみて
ください。

クロユキチャートの作成方法

part 1

PIVOTを使った基本的な方法

　ここでは365日24時間公開しているクロユキチャートの作成方法を解説していきます。この手順通りやってくれればLiveで見るような僕のチャートを作ることが出来ます。

　まずはトレンドを把握するために各時間足に上昇トレンドであれば押し安値を、下降トレンドであれば戻り高値を探していきます（図3-25参照）。

図3-25

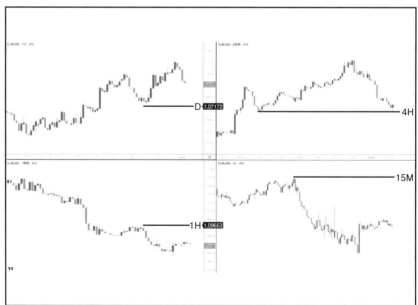

これで各時間足のトレンドの把握は出来ました。

次は抵抗帯を探しにいきます。これも各時間足で見ていきます。

この相場の日足や4時間足では、直近の値動きに対して抵抗帯を新しく引きたいところはないので引きません。1時間足と15分足は下降トレンドなので戻り売りが出来るところを探します。

水平線のところでも解説しましたが、戻り売りを狙うラインは目立つ安値のところに引くので、Aに引きます（図3-26参照）。

あとはPIVOTと20SMAと200SMAを入れれば完成です。

PIVOTは15分足以下にデイリー

1時間足に週間

4時間足に月間

日足に年間

を表示させます。

図3-26

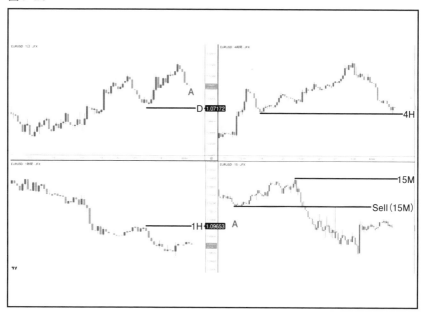

これでベースは完成です（図3-27参照）。

　ちなみに書籍用に背景を白く表示していますが実際の背景は黒です。

　あとは相場によってトレンドライン（平行チャネル）などを引いていきます。

　本書を読んでこれで設定が合っているのか確認したい方は、実際にクロユキ自身が分析で使用しているチャートを24時間皆さんに見ていただけるようにしてありますので、確認したい方はLiveにきてみてください。

　ここで1つクロユキがやっていることを紹介します。それは**全てのラインやインジケーターを消してローソク足だけの相場を見つめること**です。普段表示しているテクニカル指標がなくなることで、偏った相場の見方などがなくなり、今までは見えなかった相場の見方が出来ることがあります。ぜひ試してみてください。

図3-27

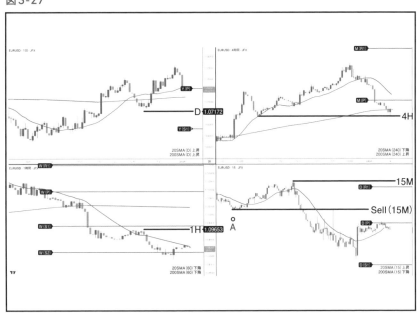

クロユキチャートの作成方法
通貨インデックス

part 2

環境認識：クロユキの監視通貨

　環境認識といえば色々な時間足のトレンドなどを確認していくのが基本ですが、通貨間の強弱関係に注目した環境認識もあります。僕がいつも監視して、トレードしようと狙っている通貨は、

- ●日本円（JPY）
- ●（米）ドル（USD）
- ●ユーロ（EUR）
- ●（英）ポンド（GBP）
- ●豪ドル（AUD）
- ●スイスフラン（CHF）
- ●カナダドル（CAD）
- ●ニュージーランドドル（NZD）の8通貨。

　FXは2つの通貨の強弱から利益を得るための投資ツール。8つの通貨をそれぞれ組み合わせた通貨ペアは合計28通りに達します。特に頻繁に取引するのは、ドル／円（USD/JPY）やクロス円の通貨ペアであるユーロ／円（EUR/JPY）、ポンド／円（GBP/JPY）、豪ドル／円（AUD/JPY）。それとドルストレートと呼ばれるドルが絡んだユーロ／ドル（EUR/USD）、ポンド／ドル（GBP/USD）、豪ドル／ドル（AUD/USD）などです。ここにユーロ／豪ドル（EUR/AUD）、ポンド／豪ドル（GBP/AUD）を加えた9通貨ペアになります。

　押し戻り手法やWW手法のような形でエントリーする場合は、慣れてきたらどんどん通貨ペアを増やしていく必要があります。もしくは時間足を落として複数の時間足で相場を見ていく必要があります。理由はチ

ャンスを増やすためです。WW手法だけで結果を出しているセミナー受講生などは多くの通貨ペアを監視しています。いきなり増やすのではなく、しっかり監視出来る無理のない範囲で徐々に増やしていきましょう。

通貨の強弱を見極めるのも環境認識

　FXには非常に多くの通貨ペアがあるものの、それぞれの通貨ペアは互いにつながっています。例えば、通貨の強弱がドル>ユーロ>円の時は、ドルが一番強く、円が一番弱いわけですから、ドル／円をロングするのが、ユーロ／ドルのショートやユーロ／円のロングよりも稼ぎやすくなります。

　逆に、複数の通貨ペアの上昇・下落の状況から、その日はどの通貨が一番強いかも分かります。例えば、「ドル／円上昇、ユーロ／円上昇、ポンド／円下落、ユーロ／ドル下落」の時、どの順で通貨が強いと思いますか。答えは、ドル>ユーロ>円>ポンドになります。この場合、ドルが最強でポンドが最弱なわけですから、ポンド／ドルのショートが一番動きやすい通貨ペアということになります。このように日々の通貨の強弱から、どの通貨ペアに対してどの方向性でエントリーするのが最も動きやすいかを判断するのも環境認識の一つです。

絶対見ておくべきドルインデックス

　通貨の強弱に関する環境認識はその時々の通貨ペアのトレンドを把握したうえで総合的に判断すれば分かります。それとは別に見ておくべきものが「通貨インデックス」です。中でも最も有名なのは「ドルインデックス」。

　ドルインデックスは複数の通貨に対する米国ドルの動きを指数化したものです。チャートツール「TradingView」なら「指数欄」に、「DXY」、「USDX」という指数名を入力すると表示出来ます（情報は2023年12月末

現在。変更になる可能性あり。以下同)。その値動きを見れば、ドルが今の相場で「強いか弱いか」が一目で分かるわけです。ドルインデックスはユーロの比率が著しく高いため、ユーロ／ドルとほぼ逆相関になります。

ドルインデックス以外に円、ユーロインデックスも

TradingViewの通貨インデックスには、ドル以外にも日本円(JXY)、ユーロ(EXY)、ポンド(BXY)、豪ドル(AXY)などもあり、Trading Viewのチャート上に表示可能です(図3-28参照)。

ただ、JXY以下に関しては、ニューヨーク時間以外はリアルタイムで更新されません。そこで僕はドル、日本円、ユーロのインデックスが24時間計算されリアルタイムで動いているPepperStone社のUSDX、JPYX、EURXという3つのインデックスを使っています。

図3-28

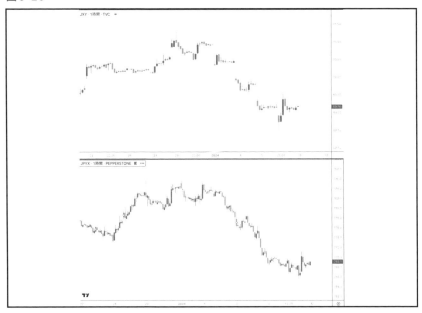

同社の指数にはポンドや豪ドルのリアルタイムインデックスはありません。ただ、日本円、米国ドル、ユーロという3大通貨のインデックスを見れば、おおよそ通貨全体の強弱が分かるので、皆さんも短期売買するならUSDX、JPYX、EURXをTradingViewの指数欄に打ち込んで表示してみてください。各通貨ペアのインデックスを比較チャートで同時に表示すれば、その時々の3大通貨の強弱が分かります。

　通貨インデックスを見ると、個別チャートでは見えないエントリーポイントが見えたりすることもあります。また、個別チャートでは「入っていい」と思えるポイントでも、通貨インデックスのチャートを見ると、そこには強い支持帯・抵抗帯があって「入ると危ない」ことを教えてくれるケースもあります。
　個別チャートだけではなかなか見えない部分が見えてくるのがインデックスチャート。皆さんもぜひトレードに活用してください。

これが TradingView の
ドルインデックスだよ。
無料で使えるからぜひ見てみよう！
※執筆現在

SCALPING

第 **4** 章

「サテライト・スキャルピング手法」で着実に利益を底上げする

ボリンジャーバンドは
反転スクイーズが狙い目

逆張り、順張り両方に使えるボリンジャーバンド

　本書で紹介するクロユキ式第3弾「サテライト・スキャルピング手法」には、ボリンジャーバンドとRCI（順位相関指数）を使用します。まずはボリンジャーバンドとRCIの使い方について解説していきます。

　ボリンジャーバンドは為替レートの価格変動率（ボラティリティ）を、中央の移動平均線の両側を動くバンド（線）で示したテクニカル指標です（図4-1参照）。

●真ん中にある移動平均線
●移動平均線の設定期間中の為替レートの平均的な散らばり具合を統計学の標準偏差で示した±1σ（シグマ）ライン
●標準偏差の2倍分、上下に乖離したところに引いた±2σ（シグマ）ライン、3倍分乖離したところに引いた±3σ（シグマ）ライン

で構成されます。

「±2σ内の確率95.4%」は過信禁物

　ボリンジャーバンドは中央に位置する移動平均線の設定期間中の為替レートの価格変動率が両側を走る±1σ、2σ、3σラインの拡大「エクスパンション」や縮小「スクイーズ」で分かるようになっています。

　もし為替レートの終値が、移動平均線を中心に左右均等に正規分布している場合、

●為替レートが±1σのバンド内に収まる確率は68.2%

図4-1

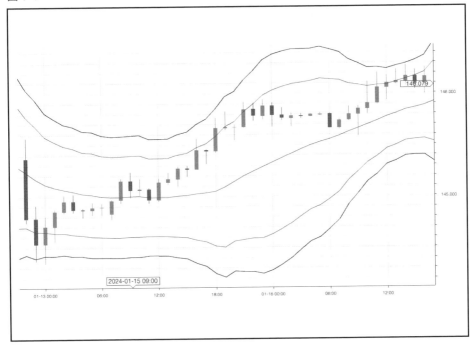

●±2σのバンド内に収まる確率は95.4%

●±3σのバンド内に収まる確率は99.7%

といわれています。

　ただ、このパーセンテージを覚える必要はまったくありません。逆に「95％」と「99％」という確率を妄信して、為替レートが±2σ、3σまで到達した時、闇雲に逆張りしてしまうと大損する可能性も高いです。

真ん中の移動平均線の期間は20か21

　ボリンジャーバンドの真ん中の移動平均線は通常、期間［20］か［21］が使われます。ここの数字は20でも21でもどちらでも構いません。僕は

20SMAを利用しています。

　ボリンジャーバンドの真ん中の移動平均線は「ミドル」とも呼ばれ、表示した時間足のチャートで起こっている値動きの波の方向性を示しています。

　移動平均線のところで解説した通り、20SMAと200SMAを使えば、相場の波をとらえた取引が出来ますし、20SMAは僕にとって非常に重要なテクニカル指標の1つです。

　その20SMAを中心に現在の為替レートが上下にどれぐらい散らばっているかを示すバンドに関しては、標準偏差（平均的な散らばり具合）の2倍の±2σ、3倍の±3σを表示しています。僕は±1σを示すバンドは表示していません。

ボリンジャーバンドで逆張りは禁物!?

　ボリンジャーバンドの使い方としては、

●値動きが±2σ、3σに到達したあと反転したら逆張り

が最も有名です。

　しかし、本来、ボリンジャーバンドは為替レートの価格変動率の拡大・縮小を示すトレンド系のテクニカル指標のため、

●バンドの幅が狭くなって（スクイーズ）、値動きが乏しい状況からバンド幅が拡大して（エクスパンション）、一方向に激しく値動きし始めた流れに乗って順張りする

　これが正攻法といわれています。本来は順張りのテクニカル指標だということです。

図4-2

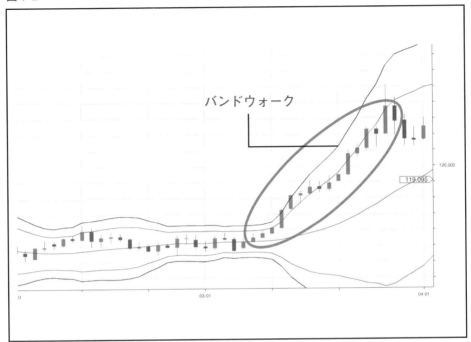

バンドウォーク

120.000

119.095

03-01   04-01

　しかし、多くのトレーダーは逆張りで使っています。僕自身もこのスキャルピング手法ではボリンジャーバンドを逆張りシグナルとして使っています。本来の使い方ではないところで使いますので、ボリンジャーバンドを使って逆張りしていいところと絶対にしてはいけないところの見極めが大切です。

±2σで逆張りをそのままやっても勝てない

　この逆張りのエントリー方法だけを使っていたのでは、勝ち続けることは出来ません。為替レートの価格変動率が高い時は±2σ、3σのバンド上をどんどん一方向に突き進む動きが続きます。

　これを「バンドウォーク」と呼びます（図4-2参照）。その流れに歯向かって逆張りすると大損してしまいます。では、どうすればいいのか。やはり、他のテクニカル指標と組み合わせて、同じ売買の方向性を示す根拠を

複数見つけることが大切です。

　組み合わせる他の根拠としては以下のようなものがあります。

●目立つ高値や安値に水平線を引いて、その水平線と±2σ、3σでの反転が重なったところでエントリー

●反転ゾーンでスクイーズを狙う

　上か下かどちらか一方向への激しい値動きが収束してスクイーズしたあと、それまでとは逆方向に向かう激しいエクスパンションが発生することを僕は「反転スクイーズ」と呼んでいます。

　この反転スクイーズが反転のゾーンで発生して、その後のエクスパンションの動きに飛び乗ると、値動きの転換点をうまくとらえて、大きな値幅を稼ぐことが出来ます。

　まさに「飛び乗り」に近い感覚なので初心者の方には少し難しいかもしれません。反転スクイーズをエントリー根拠にするためには、あらかじめ上位足（5分足、15分足など）で高値や安値が重なっていて値動きが反転しやすいラインを見つけておく必要があります。

　ラインの近辺で1分足のボリンジャーバンドがスクイーズしたあと、これまでとは逆方向にエクスパンションし始めたところがエントリーのポイントになります。

RCIでスキャルピングの
エントリータイミングを探る

RCI（順位相関指数）とはなにか？

RCIは設定期間と為替レートの終値にそれぞれ順位をつけて、その差を
もとに直近の値動きの強弱を見る「オシレーター系」と呼ばれるものです。

基本的なRCIの見方は以下の通りです。

●RCIが＋80％以上なら強い上昇トレンド（逆張り目線では買われ過ぎ）。
－80％以下なら強い下降トレンド（逆張り目線では売られ過ぎ）

●RCIが＋80％前後から下落に転じたらショート、－80％前後から上昇に
転じたらロング。期間設定が長期（52など）、中期（26など）、短期（9や
12など）のRCIを組み合わせて、長期RCIでトレンドを見て、中期や短期
のRCIの上下動やクロスを使ってエントリーのポイントを探していきます

RCIはMACDやRSIのようにチャートの下段に表示させて使いますが、
オシレーター系の基本的な使い方は上記のRCIの見方のように「買われ過
ぎ＝ショート、売られ過ぎ＝ロング」という逆張りで使うことが多いです。

RCIは時間を反映するが、値幅は反映されない

RCIが他のオシレーター系指標と違うのは、計算式の中にチャートの横
軸に示された時間の要素が加味されていることです。RCIは価格だけでな
く時間にも順位をつけて、両者の順位を統計学的手法で比べることで－
100～＋100の範囲で、買われ過ぎ・売られ過ぎの度合いを計算します。

図4-3

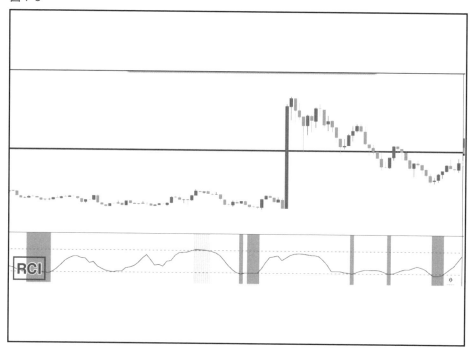

指数の計算上、直近の値動きが上昇一辺倒になるとRCIも上昇、下降一辺倒になるとRCIも下落しやすくなるため、上昇・下落の初期段階（上昇し始めたり、下降し始めたりする瞬間）をとらえやすい指標といわれます。

逆にRCIには、RSIのような上昇・下落の値幅が反映されません。そのため、やんわりゆっくり上げている相場でも急激に上昇を続けている相場でも上昇一辺倒だと、RCIの動きに大きな違いが出ない点が特徴になります。

●RCIでスキャルピングのタイミングを探す

シグナルの精度だけではそれほど信頼が置けないということもあって、僕の場合、RCIを使う目的を次の1つに絞っています。

●1分足を執行足に使った数分程度の超短期スキャルピングトレードでエントリーのタイミングを計る

　そのためだけに僕はRCIを使っています（左ページ図4-3参照）。平均保有期間が10分を超えるようなトレードではRCIを使いません。

テクニカルチャートには
本当にたくさんの種類があるけど、
それぞれの特徴をよく理解すれば
きっとそれぞれにうまい使い方が
発見できると思うよ。
クロユキが RCI を 1 分足スキャルに
使っているようにね

経験を積んだら「サテライト・スキャルピング」に挑戦!

高速「サテライト・スキャルピング手法」で使う指標の設定

　1分足チャートを使ったクロユキ式第3弾「サテライト・スキャルピング手法」。"サテライト"と名付けたように、押し戻り手法やWW手法とは別の高速スキャルピングにも挑戦したい人向けの手法です。秒での判断を求められる手法なので、先の2つの手法に比べれば難しいです。

　この手法では次の指標を以下の期間設定で使います。

●1分足の20SMAとそのボリンジャーバンド±2σ、3σ

●1分足のRCI［12］、5分足のRCI［25］、15分足のRCI［25］
　エントリーに使うのは1分足RCI［12］。環境認識に使うのは5分足と15分足のRCI［25］です

　エントリーは以下の手順で行います。

　5分足と15分足のRCI［25］がともに上向きであれば上昇トレンドと判断。1分足でRCI［12］が－80以下まで下がったあと、再び－80以上に上昇していくところをロングで狙います。

　5分足と15分足のRCI［25］がともに下向きであれば下降トレンドと判断。1分足のRCI［12］が＋80以上まで上がったあと、再び＋80以下に下落していくところをショートで狙います。

　ボリンジャーバンドに関しては利確目標に使います。

　利確のタイミングが2つあるので、エントリーは通常1本で入るLot数を2分割して2本で入ります。

利確ポイントはRCI反対側（−80超えで入ったのであれば ＋80に到達）と±2σタッチの2つに分ける

　スキャルピング手法の決済ポイントは次のように設定しています。

●1本目の利確は1分足RCI［12］の＋80割れで、ショートエントリーした場合は−80に到達して1分足のローソク足が確定したところ。−80超えでロングエントリーした場合は＋80に到達したところ

●2本目の利確はエントリーの時と20SMAをまたいで逆サイドにあるボリンジャーバンドの±2σにタッチしたところ

●損切りはRCI［12］が逆戻りして、いったん抜けた±80のラインを再度、超えたらローソク足の実体が確定するのを待って損切り

　例えば、1分足RCI［12］が＋80を割り込んだところでショートエントリーした場合、再び＋80を超えて上に戻ってしまったら損切りになります。この損切り方法だと負ける時のpipsが分からないというデメリットがあります。そのため、不安な方は反転してきたところでのエントリーになるので、その反転した部分を割れたら損切りしても構いません。

スキャルピング手法を使ったエントリー＆エグジットの具体例

　このスキャルピング手法を行うためには、1分足RCI［12］、5分足RCI［25］、15分足RCI［25］を表示して、

●5分足、15分足のRCI［25］が両方とも上向きで1分足RCI［12］が逆行して−80以下

図4-4　成功トレードの例

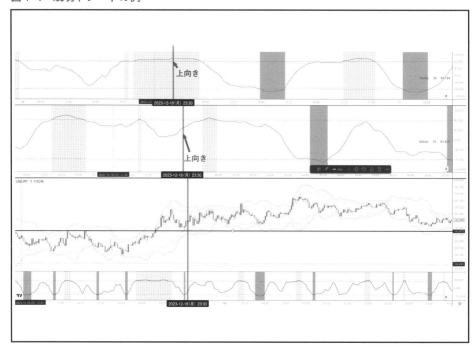

●**5分足、15分足RCI［25］が両方とも下向きで1分足RCI［12］が逆行して＋80以上**

になったあと、1分足のRCI［12］が±80から反対方向に抜け出したローソク足の終値でエントリーを狙っていきます。

●**スキャルピング手法でロングエントリーの具体例**

まずは5分足、15分足のRCI［25］が両方とも同じ方向を向いているのを確認します。両方とも上を向いていることを確認して1分足RCI［12］が反転ゾーンで−80に突入したのち−80から出たところでロングエントリー（図4-4参照）。

ここで注意したいのが＋2σでの利確などはほんの一瞬の時もありますので、まずはスキャルピングの動きに慣れてからやるようにしましょう。

図4-5　負けトレードの例

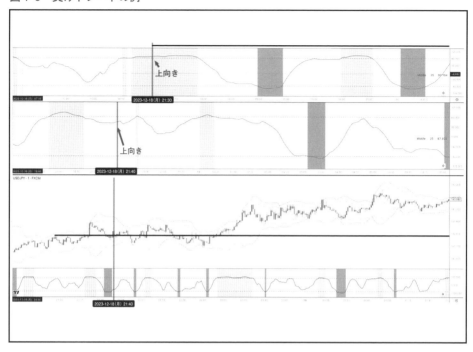

　くれぐれも慣れる前にlotを高くするのはやめましょう。
　図4-5は負けトレードになります。確かにこの部分は5分足も15分足もRCI
は上を向いていますが、5分足のRCIが下を向いていたのがちょっと上になっ
ただけだったりとハッキリと方向感が出ていたわけではありませんでした。

　このように上位足RCIの方向が微妙な時は優位性が下がります。一瞬の
値動きを取りにいくので少しでも微妙だなと思ったら見送りましょう。

●**他のテクニカルと組み合わせることで優位性を上げる**
　例えば次ページの図4-6の場合、
●**5分足、15分足のRCIが共に上向き。1分足のRCIが−80の反転ポイント
に突入したのち−80以上に上昇してきたところでエントリー**

●**+2σにタッチでエントリー**

図4-6

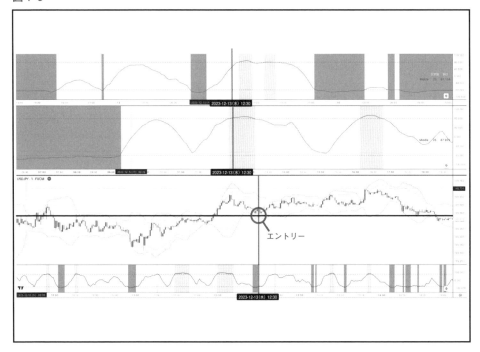

エントリー

●このエントリーはトレンドラインとWボトムもありました

　このように今まで勉強したテクニカルを組み合わせて、どんどんエントリー根拠を強めていきましょう。

薄利は覚悟のうえでトレードすべし

　短期のRCI［12］はちょっとした値動きでもすぐ反応して動くため、ローソク足の終値が確定した時点のRCIが±80の一方から脱出して、もう一方にタッチしたら利確というルールでは稼げる値幅は10pipsに満たないケースがほとんどです。

　このスキャルピング手法では一度の取引で得られる利益が薄利であることは覚悟してください。エントリーした方向にうまく伸びても、ようやく

数pips程度です。小さな利益をこつこつ積み上げていくのがこの手法の特徴になります。

　1分足の細かい値動きを狙うため、値動きにそれほど勢いがなく、動いた値幅が少ないと、利確の条件を満たしても含み損というケースも発生します。
　その場合は、一気に2本とも損切りしてトレードを終了します。まずは小Lotで感触を確かめてください。

　この手法の大敵になるのはスプレッド（FX会社が提示したBID［買値］とASK［売値］のレート差）やスリッページ（注文の際にレートが瞬時に変わって不利なレートでの約定になること）。スプレッドが小さい通貨ペアのみでエントリーしていきましょう。

　FX会社によっては許容スプレッドを設けていることがあります。これは例えば普段ドル円のスプレッドが0.2pipsだとした場合、許容スプレッドを0.2に設定しておけば、もしスプレッドが広がってしまった時にはエントリーをしようとしても出来ない設定になります。今までエントリーする時にスプレッドが広がっていることに気が付かないで痛い思いをした方はそのような設定がないか確認して、あれば設定しておきましょう。

　スキャルピング手法では1分足の値動きが5分足、15分足のトレンドに回帰する反転ポイントを狙うため、5分足、15分足で値動きの支持帯や抵抗帯になりそうなところに絞ってエントリ`すると、勝率や獲得利益を高めることが出来ます。まずは5分足や15分足などの上位足で見て、

●為替レートが強力な支持帯になりそうなところまで落ちてきたとき

●強力な抵抗帯になりそうなところに向かって上がってきたところを狙う

さらにフィルタリングをかけるのであれば、5分足と15分足の20SMAも同じ向きの時に絞ると優位性が上がります。

　ただ、どんな必勝法でも100％勝てることはないように、スキャルピング手法にも欠点があります。この手法でエントリーの根拠に使うRCIは期間が短期になればなるほど、ほんのちょっとした値動きでも動くため、ダマシも多くなります。

　大事なのは自分自身で勝てると自信を持っている手法は、負けても同じルールでエントリーをし続けることです。スキャルピングはエントリー機会が多くあって、FX初心者にも大人気です。

　しかし、FXは初心者がすぐに勝てるような甘い世界ではありません。エントリー機会が多いということは、負ける回数も増えるということです。
　このスキャルピング手法は押し戻り手法やWW手法に比べて一瞬の判断が要求されます。まずは押し戻り手法・WW手法で経験を積んで余裕が出来て勝てるようになったらこちらの手法に進みましょう。
　ここまで紹介した手法でスキャルピングからスイングまで取引可能になります。押し戻り手法・WW手法はどの時間足でも使えます。だからこそ自分の適性を見つけておくことが大事になります。

次の第5章では
FXトレーダーが必ずぶつかる
「ある壁」について詳しく解説します。
それは「資金管理」です！
トレードの技術がどれほど上達しても
これがしっかり出来ていないと
いつかドカンとやられかねません。
一見地味な作業に見えるかもしれませんが
本当に大事なことなんだ。
しっかり読んでね！

SCALPING

第 **5** 章

本当は、
手法以上に重要な
「資金管理」と
「メンタル」

その手法、期待値で検証してみよう

トレードでは期待値が重要

　FXで勝ち続けるために必要なのは優れた手法だけではありません。どんなに優れた手法を使っていても、当然負けることはあります。

　損切りが出来ない人、負けを素直に認められない人はFXで勝ち続けることは出来ません。よほどの資金力がない限り、どこかで必ず退場します。

　僕は昔、スロットで生計を立てている、世間一般から見ると"怠惰"な人間でした。しかし、若い頃に真剣にやっていたスロットや麻雀などのギャンブル経験はFXのスキル習得に結果的に役立つものでした。何度もやられて、やられた分を取り返して——を繰り返す中で僕が生き残れたのは、ひとえに「期待値」に基づいた台選びを徹底していたからです。

　FXであれ、ギャンブルであれ、期待値を算出して、期待値の高い局面のみを狙って勝負をすればトータルで勝つ確率は高くなります。

　僕の行っている期待値の出し方を仮に100トレード分で計算しましょう。

　例えば、勝率70％（勝ち70・負け30）の場合、計算しやすいように全てのトレードで20pipsの利幅を取りにいったとします。実際は検証ツールなどを使って全てのデータで検証してください。

●勝ち70（％）×20pips＝1400pips　●負け30（％）×20pips＝600pips

　そうすると、利益は1400pipsで損失は600pipsなので800pipsの勝ちに

なります。これをトレード数の100で割ると期待値が出ます。

　この場合は「(1400−600)÷100」で8になりますので、1回のトレードの期待値は8pips。実際はここにスプレッドが関わってきます。今回はドル円でスプレッドが0.2pipsだと仮定します。期待値は8からスプレッドの0.2を引いた7.8になります。仮に50回トレードをやって7.8×50で390pips程度のpipsが獲得出来ていれば、期待値通り勝てていると判断できます。このように僕は期待値を算出しています。実際は過去検証などからデータをとって計算します。

　この計算方式以外に、「PF（プロフィットファクター）」で考えても大丈夫です。総利益を総損失で割れば算出出来ます。
　先ほどの場合なら総利益が1400なのでそれを総損失の600で割ります。この場合ならPFは2.33になります。
　個人的にはPFの出し方よりも、先にあげた計算の方が、トレード数に応じて期待値通り勝てているのか、どれぐらい乖離があるのかが見やすいので、期待値の方で僕は管理しています。

　勝率についても、過去のバックテストでは8割近いから、積極的に攻めても大丈夫と思っていたら、今の相場では勝率が5割前後に落ちてしまって、なかなか勝てないということも起こります。

　目標利益や勝率はあくまで事前の"想定"であって、実際に目論見通りの結果を出せるかどうかは、やってみないと分かりません。それでもこれだけは必ず守ってください。

●いったん決めた損切りラインは絶対守る

　これこそ、期待値に基づいたトレードを行うための大前提といえるでし

ょう。損切りラインは一度決めたら絶対に、絶対に動かさない。

　ではこの期待値はどのように算出すればいいのか、ここで過去検証が必要になります。

過去検証

　過去検証とは、これから使っていく手法が過去にどのぐらいの結果を残したのかを確認する作業です。検証をやることによって、その手法が期待値の高い手法なのかどうかを判断していきます。

トレードは準備が全て

　エントリーしたら同時に決済注文も指値で入れて、もうやることがない。このぐらい用意をしておきましょう。手法に対する信頼がないと、出来ることではありません。検証を積み重ねて、信頼出来る手法で相場に挑んでいきましょう。

　ただ過去検証をやる時に覚えておいて欲しいことがいくつかあります。
●**未来のことはどんなに検証を重ねても分からない**
　過去検証を一生懸命やっていると、その手法がこの先もずっと勝ち続けることが出来るものだと期待してしまいます。しかし残念ながら過去検証はあくまで過去どのぐらい勝てていたのかを見るだけです。これから先もその成績を残してくれる保証はどこにもありません。大事なのは実際にエントリーして勝てるかどうかです。そのため100トレードほどデータがそろって大丈夫そうなら実際に相場でエントリーしていきましょう。

　そこで思うような結果が出なければ、その時に改善するところはないのか探して、手法をアップデートしていきましょう。必要以上に検証してか

ら相場に挑むのはやめておきましょう。

　過去検証で手法を変更する時、必ず気をつけなければいけないのが『オーバーフィッティング（カーブフィッティング）』です。

　簡単に説明すると検証した期間だけで勝てる手法になってしまうことです。当然これからの相場で使えない可能性も高いです。これはどうやったら気をつけられるかですが、その方法は簡単です。さっさとリアルタイムの相場に持っていけばいいだけです。そのため、繰り返しになりますが、必要以上に検証してからリアルタイムの相場に持っていくのは、やめておきましょう。手法というのはリアルタイムでの相場で使うことで初めて「ものになる」ということを忘れないでください。

　そして、検証する際にはその手法がどのぐらいの期間で決済までいくのかも必ず把握しておきましょう。そうすることで優位性がなくなっていく時間経過が分かったり、指標発表までにエントリーが出来るかどうかなどの情報を得ることが出来ます。

　過去検証をやらなくても勝てるようにはなるかもしれませんが、勝っているトレーダーは例外なく期待値の高い手法でトレードをしています。

ルールを決めたら必ず守る！
出来そうで意外と難しいんだよね。
でも絶対に守らなくてはいけないのが
損切りルール！

プロスペクト理論が明かす
投資家心理の危うさ

FXはそもそも、負けるように出来ている

これは絶対に忘れないでください。

「普通にFXをやっていても勝てません。たとえ、どんなに優秀で高勝率の手法を使っていても——」。なぜなのでしょうか。

その最大の理由は、トレーダーの心理、感情、欲望には**「プロスペクト理論」**が常に働いているからです。プロスペクト理論は、簡単に説明すると、人間は金銭がかかわると合理的な判断が出来なくなるというものです。

何度も言います。プロスペクト理論。これ、超重要です！

この理論を避けて「勝てるトレーダーになるのはほぼ不可能」と、僕は確信しています。

●人には損失を避けたいと思う本能、習性がある

プロスペクト理論は、人間が与えられた情報から得られる期待値を無視して、客観的に見ると非合理な行動に走ってしまいがちだという理論です。損失回避性、参照点依存性、価値関数、感応度逓減性、確率加重関数——、など難しい言葉がたくさんあります。

でも、これらを全て覚える必要はありません。FXのトレーダーなので「FXで勝てるようになる」という観点からのみ、プロスペクト理論に対応すればいいのです。

FXに勝つためという視点でいうと、「そもそも人間には損失を避けようとする習性がある」。これに対応する必要があります。先ほどの「損失回避性」の部分です。

人は損失が出る可能性を嫌い利益が出ると早く確定させたい

あなたは、

●A：100％の確率で7万円当たる

●B：70％の確率で10万円当たるが30％の確率でなにももらえない

　この2つのうち、どちらを選びますか。期待値はどちらも同じ7万円です。多くの人は30％の確率でハズれを引いてなにももらえないBを避けて、必ず7万円が手に入るAを選びます（図5-1参照）。

　では、逆に、

●C：100％の確率で7万円支払う

●D：70％の確率で10万円支払うが30％の確率で支払いなし

　この2つの場合ならどうでしょうか。この場合、多くの人は先ほどとは逆に、必ず支払いが発生するCではなく、30％の確率で支払いを免除されるかもしれないDを選ぶケースが多いのです。

　この2つの質問はどちらも期待値が一緒なのでどちらを選んでも同じです。

　では次の質問の場合どうでしょうか。

●A：100％の確率で7万円当たる

●B：75％の確率で10万円当たるが25％の確率でなにももらえない

図5-1

先ほどと違うのはAの期待値が7万円なのに対して、Bは7.5万円。明らかにBの期待値のほうがいい状況です。

損失の場合はどうでしょうか。

●C：100％の確率で7万円支払う
●D：75％の確率で10万円支払うが25％の確率で支払いなし

こちらも期待値が違います。Cの期待値が－7万円なのに対して、Bは－7.5万円。明らかにCの期待値のほうがいい状況です。

合理的な判断を下すのであれば、利益の時は期待値の高いBを、損失の場合はCを選ばないといけません。

にもかかわらず多くの人は確実に7万円もらえるA、もしかしたら支払わずに済むかもしれないDを選ぶ傾向が強いのです。

人は利益を得る時は極力、リスクを冒したくない生き物。反対に損失を

図5-2

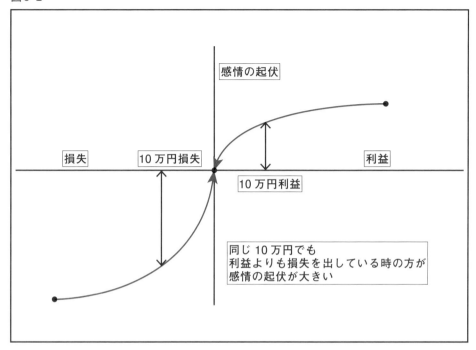

こうむる可能性がある時は、リスクをとってもその損失発生を回避したいとジタバタする傾向が強いのです。

利確を急ぎ、損切りを先送りする人間心理

プロスペクト理論を当てはめると、トレーダーはどうしても利確は早く、損切りが遅くなりがちです。まだ当初の利確ポイントではないものの、10万円の含み益が出ていたとしましょう。

その利益が少し目減りしたりすると、一度10万円の利益を見てしまったものだから、それを失いたくないという強い心理が働いて早めに利益を確定してしまいがちです。FXの成功に不可欠な利を伸ばすという行為がなかなか出来ないのです。

逆に10万円の含み損を抱えていた場合、損失を回避したい心理的欲求

に耐え切れず、ナンピン買いをしたり損切りを後ろにずらしたりして損失回避に走ります。その結果、どうなるかというと「損大利小」になります。経験がある人も多いかと思います。利確はルールよりも手前でしてしまうけど、損切りはしっかり損切りポイントまで待つ。これではどんなに過去検証で良い期待値の手法でも、実際のトレードで自ら期待値を下げる行為をしていることになり、勝てるわけがありません。しかし、これが普通なのです。

　だから、**普通の人間がFXをやると勝てない、負けるのが当たり前**という結果になってしまうわけです。

　前ページの図5-2はFXなどで利益や損失が出た時の人の感情の起伏を表現したもの。人は利益が出るとうれしいものの、だんだんそのうれしさは減少していきます。
　逆に損失が出た時の悔しさや不安感は、利益が出た時の感情の起伏以上に大きく膨らんでいきます。欲望や感情に任せたトレードをすると負けてしまいます。だからといって大切なのは、感情や欲望を強くすることではありません。**感情や欲望を完全に排除した手法なり、ルールを作ることです。**

　エントリーしたあとにどうしても値動きが気になって、ルール通りの利確や損切りが出来ない場合は、エントリーして指値と逆指値を入れたらチャートを見ないという方法も試してみてください。とにかくルール通りにするためにはどうすればいいのか考えていきましょう。

　あとは基本的なことですが、トレードはメンタルが正常の時にだけやりましょう。仕事や家庭など私生活で嫌なことがあった時には絶対トレードをやってはいけません。良いトレードは良い精神状態の時に出来るもので、普段ならやらないような最悪のトレードは、正常な精神状態ではない時に起こりやすいものです。

FXをギャンブルにしないために 必要な「資金管理」

資金管理こそプロスペクト理論への対処方法

　人間の感情や欲望を乗り越えるために僕が考えた対策は以下のようなものです。

① 期待値の高いトレード方法を見つける
② 最初に決めた決済ポイントは絶対に変えない

　いったんルールを作ったらそれを「途中裁量」で変えないことが非常に重要です。途中裁量とは、トレードの途中で値動きの変化を見て、トレード方針を変えること。

　FXの上級者になって初めて使える武器です。勝てるようになるまではいったん取引ルールを決めたら絶対に変えてはだめです。エントリーする時には必ず「ここで利確、ここで損切り」という指値・逆指値の決済注文を入れて、絶対にその注文を動かさないようにしましょう。途中裁量は勝てるようになってから。

③ 資金管理を徹底する

　これも重要です。資金管理についてはFXに投資している総資産の1～2％の損失が出たら損切りといった「1％ルール」「2％ルール」もあります。有名な損失許容率2％のバルサラの破産確率の表が次ページの図5-3です。

　縦はペイオフレシオ（損益比率）で横が勝率です。
　損失許容率を2％でやるのであればRR1：1なら勝率60％は最低でも欲しいところです。自分の損益比率と勝率を出してこの表のどこに自分がいるのか見ておきましょう。
　僕は2％ルールとかよりもおすすめしたい考え方があります。まずは、

図5-3

損失許容率 2%		勝率									
		10%	20%	30%	40%	50%	60%	70%	80%	90%	100%
ペイオフレシオ	0.2	100	100	100	100	100	100	100	100	0	0
	0.4	100	100	100	100	100	100	100	0	0	0
	0.6	100	100	100	100	100	100	0	0	0	0
	0.8	100	100	100	100	100	0	0	0	0	0
	1	100	100	100	100	99.5	0	0	0	0	0
	1.2	100	100	100	100	0.02	0	0	0	0	0
	1.4	100	100	100	100	0	0	0	0	0	0
	1.6	100	100	100	8.28	0	0	0	0	0	0
	1.8	100	100	100	0.14	0	0	0	0	0	0
	2	100	100	100	0.01	0	0	0	0	0	0
	2.2	100	100	100	0	0	0	0	0	0	0
	2.4	100	100	43.52	0	0	0	0	0	0	0
	2.6	100	100	4.81	0	0	0	0	0	0	0
	2.8	100	100	0.77	0	0	0	0	0	0	0
	3	100	100	0.16	0	0	0	0	0	0	0

自分は損失をどこまで許容出来るか、どれぐらいの損失なら不安感や悔しさや焦りといった感情面の変化を受け入れることが出来るのかを見つけ出してください。

　そして1回のトレードをメンタルがブレない金額でやってください。利確寸前まで行っても引っくり返されて、含み益を全部失う結果になっても「しょうがないな」と思える金額を基準にしてもいいでしょう。

　人は含み益を焦って決済してしまいがちなので、「失っても平気な利益」を基準にLot数を決めた方がリスクの低いトレードが出来るでしょう。

　そして今、自問自答して「これぐらいの金額が自分の損失許容額、もしくは利益喪失許容額」だということが自覚出来たら、それよりも低い金額の損益しか出ないLot数で取引してください。

「5万円まで損失が出ても大丈夫」と思っていたのに、実際には3万円、4万円の含み益から引っくり返されて4万円とかの損失が出ると慌て始めるものです。本当の許容金額を見つけることが出来れば、おのずと適正Lotが導き出されます。適正Lotは自分が思っている以上に小さいものです。

損失額固定Lot変動で臨めばプロスペクト理論に対処出来る

クロユキはこの資金管理の方法を、**「損失額固定ロット（Lot）変動型」**と呼んでいます。1回のトレードで10pips負けようが100pips負けようが、負ける金額を常に一緒にして、その金額を超えたら必ず切るというのが「損失額固定lot変動」の損切りになります。

　負ける金額を最初に固定して、その範囲内でLot数を変動させるというやり方です。例えば、1Lot＝10万通貨だと、ドル円を1Lot取引して10pips＝10銭動くと損益は1万円になります（計算しやすいようにスプレッドは省いています）。

　もし10pipsで利確したり損切りすると決めていて、自分の損失許容額が1万円なら、1Lot（10万通貨）で取引します。もし50pipsを狙うなら、狙う値幅が5倍になっているのでその分、Lot数は5分の1に減らして、0.2Lot（2万通貨）での売買に変更します。この方法だと、負けた時の金額が初めから分かっていて、感情的、心理的に許容出来る範囲なので、ルールを破って損切りを引き延ばすリスクが確実に減ります。

　100pipsの損失というと「そんな値幅、怖いです」と思われる人もいると思いますが、10pips狙う時の10分の1のLot数で取引すればいいだけですから、目標利益や損切りまでのpips数の大きい小さいは関係ありません。Lot数で損失額を固定してください（次ページ図5-4参照）。

　ちなみに1lotが何通貨なのかは証券会社によって違いますので、利用している証券会社が1lotあたり何通貨なのか確認しておきましょう（同じlot

図5-4

損失額固定ロット（Lot）変動型		

損失額を１万円に固定
ドル円（スプレッド省く）

予定損失pips	lot （１ロット10万通貨）	損失額
10	1	1万円
50	0.2	1万円
100	0.1	1万円

数でも動く金額が会社によって違う）。

　勝った時のことではなく負けた時のことを考えてlot数を決めましょう。

　プロスペクト理論というのは上級者でもはまってしまうことがあるFX
の一番の罠です。ここまでの仕組みを作ってその枠を絶対守ると頭では分
かっていても、実際に損失拡大や利益喪失の場面に直面すると、ルールを
踏み外してしまいます。

　頭できっちり分かり、かつ、実戦で少しずつ慣れていかないと、必ずど
こかでドカンとやられてしまうので注意してください。どんなに優れた手
法やトレードスキル・FXに関する知識や情報よりも、感情・欲望・メン
タルを制御する対策に力を入れたほうがFXで勝てるようになることもあ
ります。

　ここまで言ってもやはり多くのトレーダーは早く稼いでいきたいもので
す。多くの方が最初は資金管理をしたがらないということも、僕は理解し
ています。ただ1年以上も結果が出ないのであれば、必ずこの資金管理方

法をするようにしてください。

守りの手法・資金管理の方法こそマスターすべき

　実際に資金管理が原因で勝てないトレーダーが多いので、もう少し詳しく解説しましょう。なぜ多くのトレーダーは資金管理に失敗して大損し、最悪FXの世界から退場してしまうのか。その理由は、**適切な資金管理の方法はトレーダーによって違う**からです。

「これが全てのトレーダーにとって絶対正しい」という共通の正解がないわけです。資金管理が出来ない理由は、そもそもやり方が分からないという人も多いと思います。

　資金管理が大切なのは分かっているけれど、まずはテクニカル分析の手法をしっかり勉強したいという人も多いでしょう。彼らは、資金管理という「守りの手法」よりもテクニカル分析という「攻めの手法」に興味が偏りすぎていると言ってもいいでしょう。
　トレード手法という攻めばかりに意識がいってしまうと、それ以上に重要な資金管理という守りがおろそかになってしまいます。資金管理をやるうえで大事なことは余計なことをしないことです。具体的には――

●想定していないナンピン買い

●事前に決めた損切りずらし

　の2つを絶対にしないこと。
　さらに、**利確目標に到達する前の利食い**、を加えてもいいでしょう。エントリー前に決めたトレードルール、利確と損切りのポイントを厳守するのが資金管理をうまくやる出発点になります。

先ほどもいいましたが、エントリーしてからシナリオ変更をする途中裁量をやってはいけないという意味ではありません。途中裁量は難しいものなので、まずはエントリーする前のシナリオでしっかり勝てるようになってからやっても遅くはありません。

家計も含めた総合的な資金管理も必要

　自分の収入も含めた総合的な自己資金の流れや総量をしっかり把握して、自己資産全体をきっちり把握・管理していることも大切です。

　これを機に自分のお金がどのように動いているか確認しておきましょう。月々かかる生活費もきっちり把握して、FXに回せる資金が現状の収入から見て、毎月どのぐらいあるのかをきちんと把握しておきましょう。

　なぜこのようなことを言うのかというと、やはりFXで金銭的に壊滅的なダメージを受けてしまう人が後を絶たないからです。無理なくコツコツ資産を増やしていきましょう。

　多くのトレーダーが事前の損切りラインをずらすような禁断のルール違反を犯すのは、エントリー前にはそこまで考えていなかったか、まだここから戻ってくるという理由を見つけたからか、損失額が想定以上に膨らんでしまって「こんなに負けたら、もう切るに切れない」という心理状態に陥ってしまったからです。

　プロスペクト理論が教える「損失回避衝動」の餌食にならないためには、損失が心理的な許容範囲の金額（例えば1万円）に達したら"絶対"切る、という厳格なルール設定とその遵守が必要不可欠です。

　当然、勝てるようになってくれば損失許容額を1万円から2万円などに引き上げることも出来、トレード出来るLot数も大きくなり、勝った時の利益の額も伸ばせるようになるのです。

解くだけで
戦闘力が上がる!
魔法の
「演習ドリル10」

ドリルに挑戦しよう!

●押し戻り手法（Live手法）とフラッグW

●WW手法（セミナー手法）

●サテライト・スキャルピング手法

他にも本書で紹介したエリオット波動を使った入り場なども含めたドリルを用意しました。上位足の環境認識はやってありますので、**執行足上に水平線やトレンドラインなどを引いて、①エントリー②利確③損切りポイントを設定してください。**

ドリルは全部で10問

本書で紹介したエントリーポイントなども復習として載せてありますので、一度見たものでも復習としてチェックしてみてください。

このドリルが出来るようにならないと実際の相場でも勝てる武器として使えません。もし解けなかったら手法の解説を繰り返し読んでみてください。

本書で紹介したどの手法を使えばこの相場を攻略出来るのか──。
それではさっそくやっていきましょう!!

\ ドリル /

1

チェックポイント **1** 上位足の環境認識　チェックポイント **2** 下降トレンド中

チェックポイント **3** フィボナッチリトレースメントで
半値ほど調整上昇

チェックポイント **4** 目立つ安値に到達

ユーロ／オージー　4時間足

ユーロ／オージー　15分足

ユーロ／オージー　15分足

ここは押し戻り手法を使っていきましょう。

4点反応トレンドラインブレイクとWトップネックライン（点線）割れでエントリー。Wトップの左と右で大きさが異なるので見つけられなかった人もいるかと思いますが、このぐらいであればWトップと判断して大丈夫です。

ドリル 2

チェックポイント ① 上位足の環境認識

チェックポイント ② 下降トレンド中

チェックポイント ③ 戻り高値付近まで上昇

ユーロ／オージー　4時間足

ユーロ／オージー　15分足

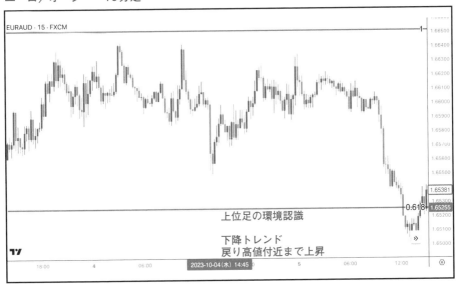

ユーロ／オージー　15分足

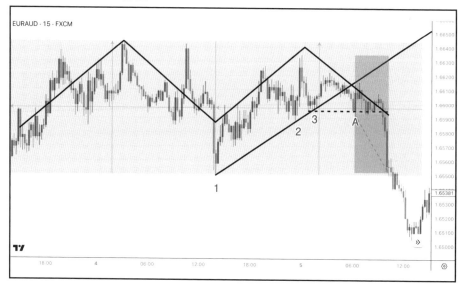

ここはWW手法を使っていきましょう。
左山を形成してからその半分の時間が経
過して3点反応、トレンドラインブレイ
クとミニWトップネックライン（点線）
割れでエントリー。基本的なパターンで
すね。

\ ドリル /

3

チェックポイント **1** 上位足の環境認識　チェックポイント **2** 上昇トレンド中

チェックポイント **3** フィボナッチリトレースメントで
半値まで調整下落

チェックポイント **4** 目立つ高値にも到達

ポンド／オージー　4時間足

ポンド／オージー　15分足

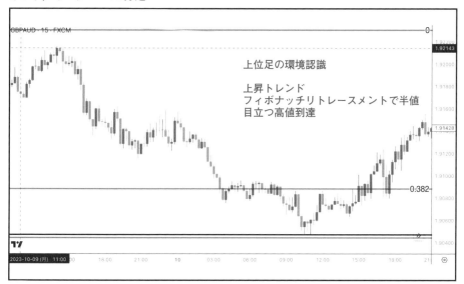

上位足の環境認識

上昇トレンド
フィボナッチリトレースメントで半値
目立つ高値到達

ポンド／オージー　15分足

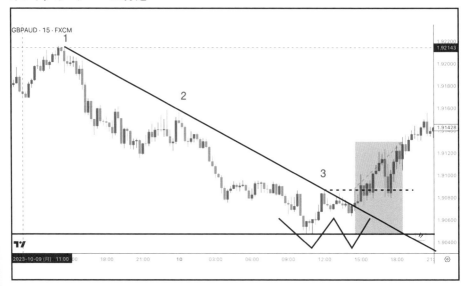

ここは押し戻り手法を使っていきましょう。
教科書的なエントリーですので、この形は必ずエントリー出来るようにしましょう。

\ ドリル /

4

チェックポイント **1** 上位足の環境認識　チェックポイント **2** 上昇トレンド中

チェックポイント **3** 押し目狙いの目立つ高値到達

ユーロ／オージー　4時間足

ユーロ／オージー　15分足

解答❹

ユーロ／オージー　15分足

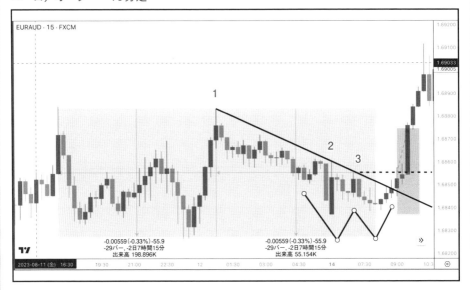

こちらはWW手法を使っていけそうな形でした。今回はWボトムの形成がエントリー期限を超えてしまったので、エントリー見送りという分析が出来ていれば、手法を理解していたことになります。

\ ドリル /

5

チェックポイント **①** 上位足の環境認識　チェックポイント **②** 下降トレンド中

チェックポイント **③** フィボナッチリトレースメントで
半値到達

チェックポイント **④** 目立つ安値到達

ドル／円　1時間足

ドル／円　5分足

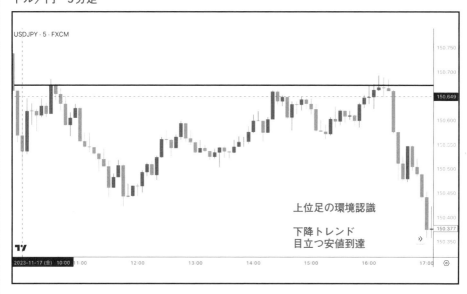

上位足の環境認識

下降トレンド
目立つ安値到達

ドル／円　5分足

ここはフラッグWを使っていきましょう。
上下とも同じ角度のラインで2点以上反
応していると、このエントリーが出来る
ようになります。Cのポイントは通常の
押し戻り手法よりも優位性が高くなるの
で、必ず狙うようにしていきましょう。

ドリル **6**

チェックポイント **①** 上位足の環境認識　チェックポイント **②** 上昇トレンド中

チェックポイント **③** 目立つ高値到達

ポンド／オージー　4時間足

ポンド／オージー　15分足

上位足の環境認識

上昇トレンド
目立つ高値到達

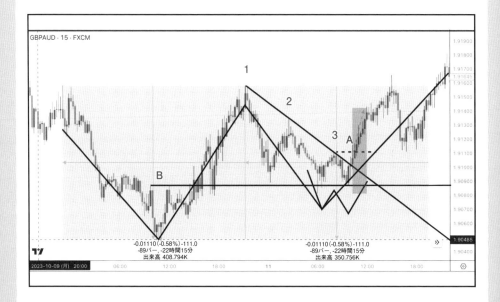

こちらはWW手法を使います。これは
WW手法の中でも必ず狙って欲しいとい
った形です。右谷の底部分のミニWボト
ムが左谷の抵抗帯だったレート（B）で
止められているので（A）でエントリー
します。これはさらに反発する根拠にな
るので、必ず狙っていきましょう。

ドリル

7

チェックポイント **1** 上位足の環境認識　チェックポイント **2** 下降トレンド中

チェックポイント **3** フィボナッチリトレースメントで半値到達

チェックポイント **4** 目立つ安値到達

ユーロ／オージー　1時間足

ユーロ／オージー　5分足

ユーロ／オージー　5分足

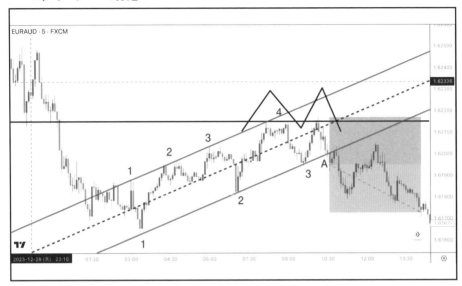

ここはフラッグWですね。
こちらも教科書的な動きですので、この
ポイント（A）では必ずエントリー出来
るようにしておきましょう。ちなみにこ
れほど教科書的な動きは滅多に出てきま
せん。

\ ドリル /

8

チェックポイント **①** 上位足の環境認識　　チェックポイント **②** 上昇トレンド中

チェックポイント **③** 上位足の
押し安値付近　　チェックポイント **④** 目立つ安値到達

ポンド／オージー　4時間足

ポンド／オージー　15分足

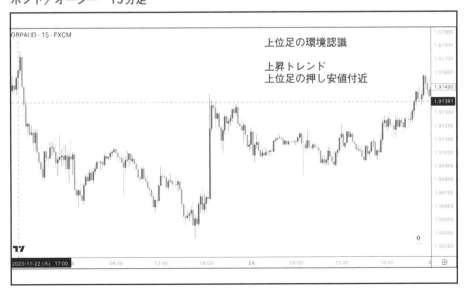

上位足の環境認識

上昇トレンド
上位足の押し安値付近

ポンド／オージー　15分足

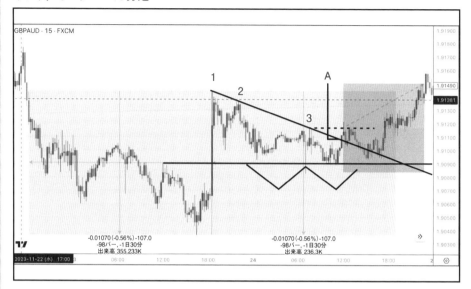

今回は押し戻り手法とWW手法どちらも
使えます。そしてエリオット第3波の初
動（A）を取りにいくトレードで、さら
に右谷のミニWボトムが左山のラス戻し
のところで反応。
本書で紹介している手法がこれでもかと
詰め込まれています。ここでは負けられ
ないですね。

\ ドリル /

9

チェックポイント**1** こちらはサテライト・スキャルピング手法です。なか

なか上位足の RCI がどこの部分か分かりにくいですが、両方とも上

を向いている相場です。

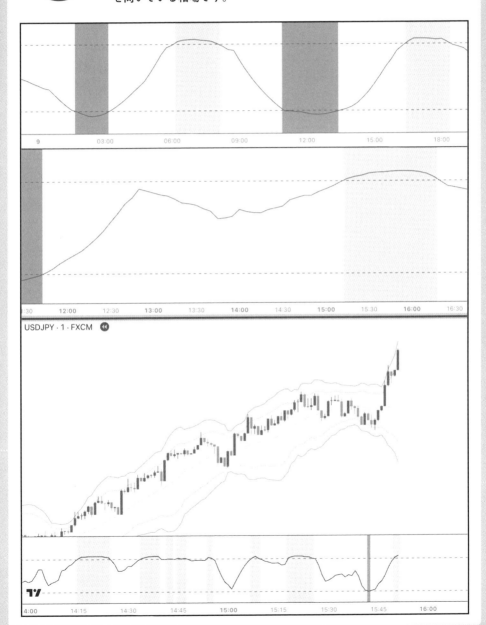

USDJPY · 1 · FXCM

解答 ❾

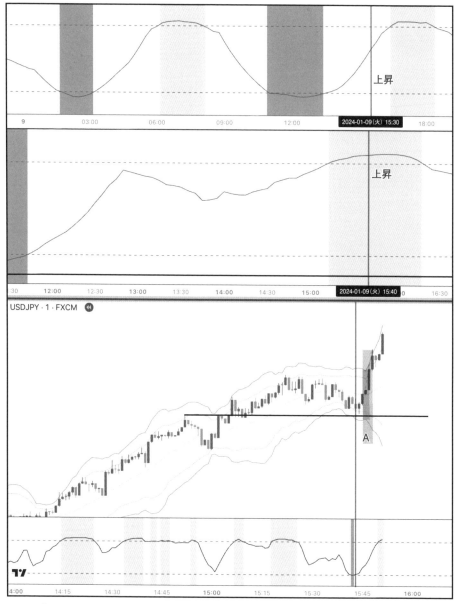

5分足と15分足のRCIが上を向いていることを確認。その状態で
反転ゾーンまで落ちてきて、1分足RCIが-80を上に抜けるところ
（A）でエントリー。理想的なエントリーですね。

チェックポイント **❶** この相場は 5 分足・15 分足 RCI が下を向いています。

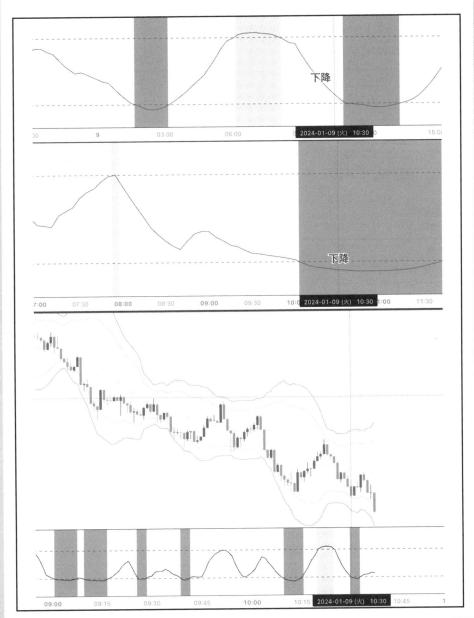

下降

下降

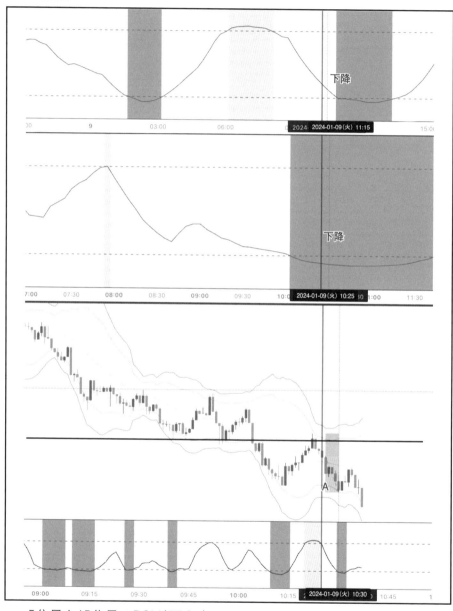

5分足と15分足のRCIが下を向いていることを確認。その状態で
反転ゾーンまで上がってきて、1分足RCIが80を抜けるところ（A）
でエントリー。

終わりに

　本書では、自分の利益だけを確保することに必死になっている世界中の
FXトレーダーの中で、生き残っていけるように3つのクロユキ式FX手法
を紹介しました。

　ただしこの3つの手法も「必勝法」ではありません。手法通り実践して
勝てるトレーダーもいれば、思うような結果が残せないトレーダーもいる
でしょう。

　FXをやってよかった。

　そう言えるようになるためには、やはり相応の経験の積み重ねが必要で
す。本書で示した3つの手法を頼りにトレードの経験を積んでください。

　手法は3つ紹介しましたが、まずは1つの手法に絞って集中してください。
その手法で勝てるようになってから、次の手法に進みましょう。使える手
法の数はそんなに多い必要はありません。僕のLiveに来てくれれば分かり
ます。1年を通して同じ手法しか話していません。

　そしてそれらの手法を使ったトレードLiveを見たい人、それらの手法に
ついて直接僕に質問したい人は、ぜひYouTubeチャンネル「【FX】投資家
クロユキ」を見にきてください。

　平日20時からのLive配信【FXトレードLive】に来てくれれば、チャッ
ト欄から質問出来ます。時間の許す限り、細かい質問にもお答えしますし、
トレードに対する僕なりのアドバイス、評価も行います。

　FXとはランダムに動く相場ですが、ほんの少しだけ偏りの出るところ

があります。その偏りを見つけてエントリーし続け、うまく資金を増やしていくゲームです。その偏りの一部こそが、本書で紹介した3つの手法になります。

　ただし優れた手法だけでは勝てません。それを使いこなすマインドや資金管理も必要になります。

　FXのスキルは、ある点を超えると、自分でも信じられないほど急激に、実力が伸びていることが実感出来るものです。とにかく地道に自分なりの相場観やトレード根拠を見つけて、それを順守すること。
　繰り返しになりますが、FXで手っ取り早く大金を稼いでいく、なんてことは考えないようにしてください。自分の資産に見合った無理のないペースで稼ぐことを徹底してください。
トータルで勝つことを意識する。
　FXはコツコツ勝っていくものです。人生一発逆転のような幻想は抱かないこと、これを忘れないでください。
　そしてどんなに真っ暗闇でも諦めないこと。その先には必ず勝利が待っています。本書がFXを志す全ての方々のお役に立てることを祈っています!!

2024年2月吉日
投資家クロユキ

【分速1万円】極スキャルピングFX

2024年5月2日　初版発行

著者／クロユキ

発行者／山下　直久

発行／株式会社KADOKAWA
〒102-8177　東京都千代田区富士見2-13-3
電話　0570-002-301(ナビダイヤル)

印刷所／TOPPAN株式会社

製本所／TOPPAN株式会社

●お問い合わせ
https://www.kadokawa.co.jp/（「お問い合わせ」へお進みください）
※内容によっては、お答え出来ない場合があります。
※サポートは日本国内のみとさせていただきます。
※Japanese text only

定価はカバーに表示してあります。